AF579617

Joël kanza

Titre

La concrétisation de l'idéal panafricain

TABLE DES MATIÈRES

Remerciement

Nous adressons nos remerciements d'abord au créateur, l'Éternel DIEU tout puissant pour nous avoir prête vie durant tout le cycle jusqu'à la réalisation de ce travail.

Je tiens à remercier tout particulièrement et à témoigner toute ma reconnaissance à monsieur, Professeur Richard KITONDA, qui malgré leurs multiples occupations ont bien voulu diriger et porter leurs attentions sur ce travail.

Avant-Propos

L'unification politique du continent africain est d'une impérieuse nécessité pour l'extirper des affres de la guerre et des crises politiques et économiques multiformes qui retardent considérablement son développement socio-économique. Le projet des Etats-Unis d'Afrique qui constitue l'objectif ultime de l'UA, s'inscrit dans cette dynamique. Pour ce faire, il s'avère également opportun de s'interroger sur les solutions envisageables dans l'optique de favoriser sa réalisation.

L'Union Africaine (UA), est définie par SEM Alpha Oumar Konaré comme une « organisation d'intégration régionale qui évolue vers la création des Etats-Unis d'Afrique ».

C'est donc tout logiquement que la création de celle-ci, fut considérée comme un évènement historique majeur dans l'évolution institutionnelle du continent. C'est en effet, le 9 septembre 1999 à Syrte en Libye que les chefs d'Etat et de gouvernement de l'OUA adoptèrent une déclaration dénommée « déclaration de Syrte », demandant la création de l'UA en vue entre autres, d'accélérer le processus d'intégration sur le continent, afin de permettre à l'Afrique de jouer le rôle qui lui revient dans l'économie mondiale, tout en déployant des efforts pour résoudre les problèmes sociaux, économiques et politiques multiformes auxquels sont confrontés les Etats africains.

Evidemment, la création de l'UA en remplacement de l'OUA avait en son temps ravivé les espoirs des populations africaines ; lesquels espoirs avaient été brisés par les multiples échecs de la défunte OUA, notamment dans les domaines du développement socio-économique et de la réalisation de l'unité politique du continent. En effet, au moment de la création de l'OUA en 1963 à Addis Abéba, Kwamé Nkrumah proposa l'unité continentale, mais le sommet préféra la coopération technique, économique et politique, laissant à chaque Etat sa souveraineté à l'intérieur des frontières héritées de la colonisation.

L'organisation de l'unité africaine(OUA) ainsi créée, était beaucoup plus une organisation de coopération, qu'une véritable organisation oeuvrant pour l'unité continentale.

Dans quels domaines ces efforts doivent-ils être déployés ? Plus concrètement, quels sont les problèmes et blocages auxquels doivent faire face l'Union Africaine et les Etats africains afin de relever le défi de l'édification des Etats-Unis d'Afrique.

INTRODUCTION

A la veille de la création de l'Organisation de l'Unité Africaine (OUA), l'empereur Hailé Sélassié rappelait déjà, que cette entreprise d'unité du continent était noble et salutaire, mais demeurait néanmoins périlleuse. A ce propos, il disait : «l'avenir de ce continent réside en premier lieu dans une unité politique, mais les obstacles à supporter sont nombreux et difficiles»[1].

En effet, la création d'une organisation régionale œuvrant pour l'unité et l'intégration du continent africain ne s'est pas faite sans difficultés. Du scepticisme de certains, à la réticence de biens d'autres, en passant par l'absence de volonté politique et de moyens financiers, la constitution d'une telle organisation ne fut pas une sinécure.

Lorsque l'on parle d'intégration régionale, il est toujours judicieux de définir les concepts connexes y relatifs, afin de mieux préciser sa pensée. Pour ce faire, nous définirons tour à tour les concepts d'intégration, d'organisation internationale intergouvernementale, d'organisation régionale et d'union.

S'agissant de l'Intégration, le dictionnaire de droit international public la définit comme la fonction d'une organisation internationale

---

[1] L'empereur Hailé Sélassié en mai 1963 à la naissance de l'OUA à Addis Abeba

qui vise à unifier progressivement par des mécanismes appropriés, l'économie, voire le système politique des Etats membres. Ainsi, lorsque l'on parle d'Organisation d'Intégration, c'est pour désigner les organisations internationales dotées de pouvoirs nécessaires pour remplir de telles fonctions. Quant à l'Organisation Internationale Intergouvernementale, elle peut être définie comme une association d'Etats, établie par voie conventionnelle et qui poursuit des objectifs communs au moyen d'organes permanents qui lui sont propres, et qui possède une personnalité juridique distincte de celle des Etats membres.

En ce qui concerne l'Organisation Régionale, elle renvoie à toute organisation internationale intergouvernementale regroupant un nombre restreint d'Etats, principalement choisi selon un critère géographique. Mais dans la pratique, le régionalisme traduit souvent une différenciation géopolitique ; c'est-à-dire plus une solidarité politique voire idéologique, qu'un simple particularisme géographique. Ainsi, dans le cadre de notre travail, le terme « régional » sera employé pour désigner tout le continent africain.

Enfin, le concept Union désigne quant à lui, une organisation internationale qui utilise le mot «UNION» dans sa définition. C'est le cas par exemple de l'Union Africaine.

Au plan historique, c'est aux alentours des 16ème et 17ème siècles que commença à germer l'idée d'un regroupement des peuples africains avec l'expansion du mouvement panafricaniste. Ce mouvement, né aux Etats-Unis d'Amérique sous la houlette de descendants d'esclaves noirs, se donnait en effet pour mission de réhabiliter les civilisations africaines, de restaurer la dignité de l'homme noir et de prôner le retour à la mère-patrie qu'est l'Afrique. D' abord perçu comme un mouvement racial, le panafricanisme s'est transformé progressivement en mouvement culturel, puis politique. C'est sous cette dernière forme du mouvement panafricain que prendront corps les velléités unificatrices et d'intégration politique des Etats du continent africain. Ainsi, le panafricanisme se présente sous son aspect politique comme à la fois un mouvement de libération coloniale, de consolidation de l'indépendance et de réalisation de l'unité africaine.

En effet, Kwamé Nkrumah définissait le panafricanisme comme «l'expression des aspirations des descendants des peuples africains» En effet, Kwamé Nkrumah définissait le panafricanisme comme «l'expression des aspirations des descendants des peuples africains»[2].

On peut toutefois, en donner aujourd'hui une définition plus complète et dire que le « panafricanisme est une aspiration des

[2] Kwame Nkrumah, révolutionnaire path, Paris, Panaf, 1973, p 421

noirs d'Afrique et de la diaspora, qui s'identifient culturellement par leur appartenance à la civilisation négro africaine ; puisant sa force dans la résistance pluriséculaire des Nègres à l'esclavage, cette aspiration se projette dans une unité politique du continent sous la forme des Etats-Unis d'Afrique»[3].

Cette dynamique panafricaine portée par les figures historiques des indépendances africaines (Kwamé Nkrumah, Sékou Touré...) aboutira à la création en Mai 1963 de l'organisation de l'unité africaine (OUA).

La création de l'OUA apparaissait donc, comme le couronnement des années de lutte acharnée menée par les figures emblématiques du panafricanisme et pères des indépendances africaines dans l'optique de libérer le continent du joug colonial et de lui assurer un développement socio-économique durable.

Les objectifs assignés à cette organisation, outre l'éradication du colonialisme sous toutes ses formes, étaient ceux de la réalisation à terme de l'intégration économique et de l'unité politique du continent africain. Cependant, après plus de trente années de fonctionnement, seulement une partie des objectifs furent atteints.

En effet, d'un coté la décolonisation totale du continent qui fut une réussite indéniable est à mettre à l'actif de l'organisation

---

[3] Abdoulaye Wade, un destin pour l'Afrique, Paris Karthala, 1989, p 98

panafricaine (OUA), grâce notamment aux activités secrètes de son comité de libération. Mais, d'un autre coté, notamment en ce qui concerne le domaine socio-économique, le bilan de l'OUA est alarmant et interpellateur. Car, une fois les indépendances acquises (les Etats africains obtinrent l'indépendance généralement vers 1960, et en 1963 les chefs d'Etat et de Gouvernement se réunirent à Addis Abeba, pour jeter les bases de l'unité), les Etats africains offrirent à l'humanité le triste tableau d'un continent meurtri par les affres de la pauvreté, de la guerre, de la famine....etc. En un mot, l'image d'un continent « malade »économiquement et socialement. Au plan politique également, la situation de l'Afrique n'était guère plus reluisante. Elle était caractérisée par la généralisation de la dictature et de l'autoritarisme comme modes privilégiés de gestion politique.

C'est d'ailleurs, face à ce constat de crise généralisée sur le continent africain que dès 1962, l'agronome français René Dumont écrivait un livre au titre provocateur mais évocateur : L'Afrique noire est mal partie[4]. Il y prédisait que, l'Afrique connaitrait une grave crise socio économique si des politiques économiques et sociales adéquates n'étaient pas adoptées. Et, une année plus tard, Kwamé Nkrumah surenchérissait dans son ouvrage l'Afrique doit s'unir, où

---

[4] Réné Dumont, l'Afrique est mal partie, Paris, Éditions du senil, <<Esprit>>, 1962, p 76

il rappelait qu'il n'y aura point de salut pour les populations africaines sans unité. A ce propos, il disait : «Les Etats africains doivent s'unir ou bien se vendre aux impérialistes ou aux colonialistes pour une assiette de soupe ou bien se désintégrer individuellement»[5]

La création de l'OUA devait donc, en principe, permettre de résoudre les problèmes de l'Afrique, en favorisant la mise en marche effective d'un processus d'intégration économique et politique, qui devrait à la longue aboutir à la concrétisation de cet idéal cher aux illustres porte-étendards du panafricanisme, à savoir, la réalisation de l'unité politique totale du continent africain.

Seulement voilà. Depuis la création de l'OUA, le processus d'intégration économique et politique bat de l'aile. De nombreuses difficultés aussi bien d'ordre institutionnel, qu'idéologico-politique ont freiné cette longue marche vers la pleine réalisation de l'intégration en Afrique. Déjà, le contexte qui a prévalu au moment de la création de l'OUA est symptomatique des difficultés qu'a connues l'organisation panafricaine dans la réalisation de ses objectifs. En effet, au sommet d'Addis Abéba en 1963, Kwamé Nkrumah proposa l'unité politique continentale, mais le sommet préféra la coopération technique, économique et politique, laissant à chaque Etat sa souveraineté à l'intérieur des frontières héritées

---

[5] Kwame Nkrumah, l'Afrique doit s'unir, traduit de l'anglais par L. Jospin, Paris, Payot, 1964, p. 99

de la colonisation.

L'Organisation de l'Unité Africaine ainsi créée, était beaucoup plus une organisation de coopération, qu'une véritable organisation oeuvrant pour l'unité politique. C'est cette situation qui a fait dire à un ancien Secrétaire Général de cette organisation que, «l'OUA réalise ce paradoxe fondamental d'être une organisation de l'unité qui maintient le morcellement d'un continent dont elle est censée assurer le destin unitaire»[6].

Après plus d'une trentaine d'années de fonctionnement de l'OUA, les changements intervenus en Afrique et dans le monde ont ravivé le sentiment de solidarité entre les peuples africains, et suscité çà et là, chez les africains, des sentiments favorables au panafricanisme de Nkrumah.

Pour preuve, sur le plan interne, toutes les politiques de développement des Etats néo indépendants, en dépit de l'aide extérieur massive ont pratiquement échoué. Aucun pays n'a pratiquement pas pu décoller qu'il s'inspirât du marxisme, du capitalisme ou du socialisme africain.

Forts de ces constats, les peuples africains, unis derrière leurs chefs d'Etat, était sous l'impulsion salutaire du guide libyen Mouammar Kadhafi créèrent en 2001 à Lusaka, l'UNION AFRICAINE(UA), qui

---

[6] Préface par Edem. Kodjo de : Edmond Jouve, l'organisation de l'Unité Africaine, Paris, P.U.F, 1984

devrait relayer l'OUA, en vue de la poursuite des objectifs de développement économique et d'unité politique du continent africain. Mais, c'est en 2002 à Durban en Afrique du sud que les chefs d'Etat et de gouvernement consacrèrent l'entrée en vigueur de l'UA et la mise en place de nouveaux organes, notamment la commission[7].

Evidemment, la création de l'UA, en remplacement de l'OUA avait en son temps ravivé les espoirs des populations africaines ; lesquels espoirs avaient été brisés par les multiples échecs de la « défunte organisation », notamment dans les domaines du développement socio-économique et du maintien de la paix.

Au demeurant, il convient toutefois de préciser que notre étude n'a nullement la prétention d'effectuer un bilan de la défunte OUA. Car, l'Union Africaine intègre dans ses objectifs, ceux déjà proclamés dans le cadre de la Charte de l'OUA et du Traité instituant la Communauté Economique Africaine (CEA).

Aujourd'hui, l'acuité de la question de l'intégration se pose de façon plus persistante, tant il est vrai que le processus de mondialisation dans lequel nous sommes tous engagés, implique la constitution de blocs régionaux forts politiquement et économiquement. En effet, l'on ne s'est pas vite aperçu que l'une des causes essentielles de

---

[7] C'est en 2003 à Maputo qu'à eu lieu l'élection du président de la commission de l'UA en la personne de l'ancien président du MALI, SEM Alpha Oumar Konaré.

l'échec économique de l'Afrique, tenait à la « balkanisation » du continent, à son cloisonnement en une multitude d'espaces économiques et de petits marchés non viables, contre les limites desquels se heurtent rapidement les effets de tout investissement.

Ainsi, face aux nouveaux enjeux liés à la mondialisation et au développement des nouvelles technologies de l'information et de la communication, et au regard de la situation actuelle du continent , caractérisée par une prolifération des crises et conflits, par un marasme économique généralisé, sans oublier le processus démocratique balbutiant dans lequel évolue la plupart de nos Etats, l'Union Africaine, forte de ses institutions et structures novatrices notamment dans le domaine du développement économique, apparaissait comme l'alternative la mieux indiquée capable de protéger le continent d'une marginalisation dans l'échiquier économique international.

Sous ce rapport, la portée et les perspectives de cette nouvelle organisation panafricaine (UA), dépendront du pragmatisme réel de cette expression unique de volonté politique manifestée par les Etats africains.

Pour ce faire, il est impérieux pour nous africains, de nous concentrer sur les énormes défis qui nous interpellent, à savoir : Forger le destin de nos peuples, cultiver une grande autonomie et une plus grande confiance en nous-mêmes, remettre notre continent sur la voie du développement économique, promouvoir la paix, la sécurité et la stabilité sans lesquelles, il ne pourrait y avoir de développement significatif et durable pour le continent africain.

Sous ces éclairages, le moins que l'on puisse dire, est qu'il urge pour les Etats africains, sous la houlette de l'UA, de réaliser le plus rapidement possible l'unité politique totale du continent, afin d'assurer à ses fils un espace politique unifié, paisible et prospère. D'où l'intérêt de notre étude qui s'attèlera à déceler les obstacles et les insuffisances entravant la réalisation de cette union politique plus que nécessaire pour le salut des populations africaines.

Aussi, notre étude se veut une radioscopie, une analyse profonde et critique de l'institution en charge de la réalisation des objectifs de développement socio économique et d'unité politique des Etats africains, à savoir l'UA.

En effet, cette dernière, réclamée à cor et à cris après que l'OUA ait montré ces limites dans les domaines de l'intégration politique et économique du continent, entend œuvrer à la réalisation d'une plus grande unité et solidarité entre les Etats africains avec à terme l'édification des Etats-Unis d'Afrique. C'est ainsi, qu'à l'occasion de la célébration de la journée de l'Afrique le 29 Mai 2004 au siège de l'Unesco, le président de la commission de l'UA, SEM Alpha Oumar

Konaré définira l'Union Africaine comme, « Une organisation d'intégration régionale qui évolue vers la création des Etats-Unis d'Afrique ».

Mais aujourd'hui, contrairement aux espérances et aux professions de foi de nos leaders politiques, l'UA peine à réaliser l'unité effective du continent, quand bien même qu'elle ne soit qu'à ces premières années de fonctionnement.

La persistance des conflits, la dégradation progressive et visible de la situation économique de nombreux Etats africains, en plus de l'exclusion de l'Afrique des débats liés aux grands enjeux mondiaux, nourrissent le scepticisme de nombreux observateurs quant à la capacité de l'UA à relever sereinement les défis de l'intégration politique et économique, à fortiori celui de la construction des Etats-Unis d'Afrique.

En effet, l'objectif d'édification à long terme par l'UA des Etats-Unis d'Afrique, bien que ambitieux et salutaire, demeure néanmoins très idyllique, tant il est vrai que de nombreux facteurs entravent la concrétisation de ce projet. Dès lors, il convient de se poser la question à savoir, quels sont concrètement, les facteurs qui entravent la concrétisation par l'UA et les Etats africains, de l'idéal panafricain d'édification des « Etats-Unis » d'Afrique ?

Cependant, depuis la création de l'UA, le continent est le foyer d'une multiplicité de conflits dont les conséquences sont désastreuses pour les populations africaines. Parce que, non seulement ils occasionnent de nombreuses victimes civiles, mais également retardent et compromettent la marche vers le développement et l'unité continentale.

Chapitre I. Paix et Démocratie

La création de l'Union Africaine dont l'objectif est de parachever l'œuvre d'unité du continent déjà entamé dans le cadre de la «défunte OUA», a constitué un évènement majeur dans l'histoire politique du continent. En effet, l'UA se donne pour mission de redynamiser le processus d'intégration afin de parvenir à terme à l'édification des Etats-Unis d'Afrique.

Pour atteindre cet ultime objectif, de nombreux défis doivent être préalablement relevés. Au nombre de ceux-ci, il y'a d'une part, le fléau des conflits qui compromet considérablement toutes les chances de succès du processus d'intégration devant aboutir à l'unité politique du continent. D'autre part, le déficit démocratique, qui se manifeste en Afrique à travers la prolifération des régimes autoritaires et dictatoriaux, incapables de mettre en œuvre des stratégies crédibles et ambitieuses de développement, constitue également une pierre d'achoppement à la construction des Etats-Unis d'Afrique.

Section I : conflit en Afrique

A coté de la famine, du paludisme et du sida, les conflits comptent parmi les fléaux qui retardent le plus le développement économique et politique du continent africain.

L'origine des conflits remonte à l'émergence de l'Etat africain. En effet, à leur accession à l'indépendance, ces Etats étaient confrontés au problème du choix du gouvernement adéquat. Les institutions précoloniales avaient été pour la plupart démantelées à dessein par les colonisateurs. Du fait de la fascination qu'il exerçait sur les élites nationalistes africaines, le modèle occidental de gouvernement fut alors généralisé dans toute l'Afrique. A la différence de l'Etat-nation occidental, l'Etat nation africain apparaissait du jour au lendemain dans des sociétés dont la situation économique, les systèmes de valeurs et la culture politique présentaient bien des spécificités.

La difficulté majeure pour les nouvelles entités politiques africaines était d'adapter le modèle étatique «importé» de l'Occident à une réalité sociale caractérisée par une diversité culturelle très marquée. Il en résulta des rapports sous bien des aspects conflictuels qu'entretenaient ces Etats avec leurs sociétés. Ces rapports ne sont pas cependant uniformes. Ils sont tributaires de l'autonomie et de la capacité politiques des Etats de concevoir et d'appliquer leur programme de gouvernement. Ces programmes ont des répercussions diversement ressenties et appréciées par les différentes franches de la société.

A la diversité des situations, correspond une diversité des conflits.

Dans des pays comme la Côte d'Ivoire, c'est la légitimité des détenteurs du pouvoir étatique qui est le plus souvent contestée. Dans d'autres, comme la Somalie, c'est le caractère empirique de l'Etat (territoire, population et gouvernement) qui est en question.

A coté des conflits internes, il existe des conflits entre Etats découlant, le plus souvent, d'une délimitation artificielle des frontières de la part des colonisateurs. Ils constituent aussi, dans bien des cas, une extériorisation des difficultés internes aux Etats.

L'Afrique est aussi le théâtre des conflits dits « déstructurés ». Ils se caractérisent par l'affaiblissement ou la disparition partielle ou totale des structures étatiques. Dans ces situations, des groupes armés profitent du vide politique pour chercher à s'emparer du pouvoir.

Mais le type de conflit le plus récurrent en Afrique est celui dit « ethnique ». Il s'y développe sous l'effet d'une spirale de propagande, de peur, de violence et de haine, une dynamique visant à renforcer la notion de groupe au détriment de l'identité nationale.

Au plan interne, c'est surtout la lutte pour la conquête et le partage du pouvoir de même que la distribution des ressources qui sous-tendent les conflits africains.

A l'échelle régionale, certaines « puissances » africaines ont tendance à étendre leur sphère d'influence au-delà de leurs frontières, sur les autres Etats de la sous-région réputés plus faibles.

La moindre tension est un prétexte pour ces pays de tester leurs capacités politique et militaire à instrumentaliser les dissensions à l'intérieur des Etats voisins ou entre eux. Aussi, derrière les motifs officiels d'une ingérence voilée, se cachent souvent des convoitises économiques et territoriales.

Au plan international, aussi longtemps que durait la guerre froide, les « grandes puissances » accordaient un grand intérêt aux conflits africains. On avait assisté à une « clientélisation » des rapports entre Etats africains antagonistes et « grandes puissances ». En échange de leur alignement sur l'un ou l'autre des deux blocs, les « clients » africains se voyaient octroyer un soutien militaire et financier. Cependant, les causes de conflit étaient essentiellement africaines. A fin de la guerre froide, ces conflits ont moins suscité l'intérêt des pays occidentaux. On assiste même à une indifférence de leur part tant que leurs intérêts économiques et stratégiques ne sont pas en jeu. Et pourtant, les conflits ont augmenté en nombre et en intensité et sont beaucoup plus développés à l'intérieur des pays. Le paradoxe est que ces crises, tensions et conflits se développent au moment ou s'amorce un mouvement de démocratisation et d'intégration économique et politique sur le continent. En réalité tous ces conflits existaient à l'état latent. L'apprentissage de la démocratie n'est qu'un des facteurs accélérateurs de leur explosion.

Au-delà des statistiques, leur impact socio-économique révèle qu'ils s'attaquent aux bases mêmes de l'Etat africain. Il est unanimement admis, aujourd'hui, au sein de la communauté internationale que la paix est devenue, non seulement un droit fondamental de l'Homme et des Peuples, mais aussi une condition de développement.

C'est ainsi que, conscients du fait que le fléau des conflits en Afrique constitue un obstacle majeur au développement socio économique, les Etats membres de l'UA ont fait de la promotion de la paix , de la sécurité et de la stabilité une condition préalable à la mise en œuvre de l'agenda politique de l'institution dans le domaine du développement et de l'intégration[8].

Paragraphe 1 : Les causes profondes de conflits en Afrique

Les causes des conflits en Afrique résultent de facteurs politiques et économiques qui ont occasionné l'affaiblissement de l'Etat.

A. **Les facteurs politiques de conflits en Afrique**

Au plan politique, malgré la diversité des causes, deux facteurs majeurs semblent expliquer les conflits en Afrique.

Le premier grand facteur politique renvoie à des causes relatives à l'émancipation politique des Etats africains. En effet, sous la

---

[8] Préambule de l'acte constitutif de l'Union Africaine

domination coloniale, le mouvement nationaliste, dans sa quasi-totalité s'était mobilisé pour l'émancipation des peuples africains. A ce moment là, les divergences liées aux revendications particulières à tel ou tel groupe, ne s'étaient pas encore cristallisées. A l'indépendance, les premières grandes fissures dans le mouvement nationaliste africain vont apparaître. Ces causes de conflits ont pour nom : Luttes pour le pouvoir consécutives à la décolonisation, nouvelle consolidation après l'indépendance, restes de mouvements de libération nationale, territoires mal définis et rivalités structurelles.

1. **Les causes relatives à l'émancipation politique des Etats africains.**

La première de ces causes découle des luttes pour le pouvoir consécutives à la décolonisation. L'indépendance _le droit et la possibilité de maitriser son destin_ reste la plus haute des valeurs politiques. Il est naturel que s'instaurent entre les groupes et partis nationaux une compétition et des manœuvres acharnées pour participer au processus qui y mène et le contrôler. Lorsqu' un pays accède à l'indépendance, il est rare que tous les acteurs soient prêts à se partager le pouvoir.

La même logique qui sous-tend la lutte pour le pouvoir pendant la préparation de l'indépendance, prévaut pour l'établissement des règles qui présideront par la suite à l'usage du pouvoir et à sa passation entre les partis.

Une autre cause, est la nouvelle consolidation des mouvements de libération nationale après l'indépendance. Pour toutes les luttes entre Africains antérieures à l'indépendance, le régime colonial fournissait au moins un ennemi commun contre lequel on forge une unité nationale. Avec l'indépendance, cette cause commune a disparu. L'absence d'un tel ennemi et l'apparition parmi les nationalistes de divergences régionales, personnelles et de programme politique, sont les causes combinées de l'effondrement du mouvement nationaliste et de l'instauration du parti unique qui s'en est suivi le plus souvent. Le caractère absolu de la lutte anticoloniale, qui autorise les nationalistes dominants à stigmatiser leurs opposants comme des traites, survit à l'indépendance. Les perdants de la lutte pour le pouvoir s'exilent souvent, en Europe ou dans les pays voisins de coloration idéologique différente.

Les survivances des mouvements de libération nationale constituent aussi une des causes de conflits. La lutte pour la libération nationale a légitimé des politiques anti étatiques et des mouvements de guérilla ; Les Etats qui en sont issus doivent maintenant évoluer avec cet héritage. Les mouvements de libération nationale bénéficient d'une présomption d'authenticité.

Selon Zartman, «ils sont perçus, dans le langage anticolonial de l'Afrique du Nord, comme le «pays réel» opposé au «pays légal», ou la légalité doit céder le pas à la réalité»[9]. Cela hypothèque lourdement la nouvelle légalité d'un Etat indépendant puisqu'il suffit à de nouvelles poussées anti étatiques de se manifester pour acquérir une présomption de légitimité et remettre en question l'ordre légal .Ce fut le cas de l'Union Nationale pour l'Indépendance Totale de l'Angola (UNITA).

Les conflits entre Etats ont souvent eu pour fondement des territoires mal définis. Les Etats africains sont apparus en conformité avec la doctrine de l'Organisation de l'Unité Africaine(OUA) de l' « uti possedetis juris » qui déclarait les frontières coloniales indiscutablement légitimes. Dès le début, deux Etats affirmèrent, sans toutefois remettre en cause la doctrine elle-même, que leurs propres cas constituaient des exceptions : le royaume chérifien du Maroc et l'Etat nation de la Somalie. De même que l'interdiction d'abriter des éléments subversifs des autres Etats, la doctrine des frontières ont tenu du fait d'un intérêt mutuel, qu'apparemment chaque Etat voulait préserver. Mais, avec le temps, à mesure que les Etats africains évoluaient et découvraient les problèmes, les conflits, les revendications et les empiétements liés

[9] William ZARTMAN, la résolution des conflits en Afrique, Paris, Harmattan, 1990, p. 17

à l'imposition des limites territoriales artificielles, cette doctrine a été contestée. Elle sera encore plus violemment remise en cause par la suite. Le litige frontalier entre le Mali et le Burkina Faso et l'annexion du nord du Tchad par la Libye sont, parmi tant d'autres, des cas qui ont violé la doctrine de l'OUA. Et ce, par la découverte d'un nouvel « uti possedetis juris » dans un autre traité colonial ou par une interprétation différente d'une ligne symbolique mal tracée.

Parfois, ce sont des critères géographiques, au lieu de critères coloniaux qui sont avancés pour définir une nouvelle frontière. En général, les frontières au sein du territoire d'un même colonisateur risquent davantage de provoquer des contestations que celles entre colonisateurs. Dans le premier cas en effet, la démarcation était moins systématique. La différence n'est cependant que de degré. Tout Etat peut avoir des problèmes de frontières s'il le souhaite. Des causes réelles de conflits existent partout ; il faut une décision et un effort politique pour ne pas les exploiter, plutôt que l'inverse.

Les rivalités structurelles comptent aussi parmi les facteurs de conflits en Afrique. A mesure que les Etats africains structurent leurs espaces politiques internes, ils multiplient aussi leurs rôles et positions dans le cadre de la politique interafricaine. Pendant les années soixante, ils n'avaient guère la possibilité d'étendre leur influence très loin, au-delà du cercle de leurs voisins. Les tentatives les plus ambitieuses (les prétentions du Ghana à la direction du continent, les alliances franco-africaines) ont échoué ou n'ont eu qu'une efficacité modérée.

A la fin des années soixante dix cependant, la répartition du pouvoir sur le continent et ses perspectives de redistribution étaient devenues plus évidentes.

L'évolution de la rivalité entre le Maroc et l'Algérie, la position centrale de l'Ethiopie dans la corne de l'Afrique, le potentiel de prédominance du Nigéria en Afrique occidentale et l'ex-Zaïre en Afrique centrale, tout cela commençait à donner forme au continent.

Si toutes les autres causes de conflits disparaissaient, s'il ne subsistait aucun problème de manœuvres et de développement internes, les seules rivalités structurelles de conflits seraient déjà suffisamment fortes pour façonner des politiques, des différences et des forces nationales.

Ces cinq causes de conflits sont africaines, et elles sont fondamentales. Il convient de leur accorder la primauté si l'on veut situer correctement le débat entre les perspectives africaines et mondialistes sur l'Afrique en matière de conflits.

Des rivalités internationales peuvent certes inciter des étrangers à tirer parti des causes africaines de conflits, mais une influence extérieure ne suffirait pas à dresser un Etat contre un autre si ces causes n'étaient pas déjà présentes.

2. **La gestion patrimoniale de l'Etat**

L'Etat africain a été décrit comme étant un Etat personnalisé en ce sens qu'il était dominé par un personnage clé qui est souvent au-dessus des lois. Cet état de fait n'exclut cependant pas l'existence d'institutions. Mais, la plupart des pays africains sont dotés d'institutions et de constitutions au sens abstrait. Les règles formelles du jeu politique ne gouvernent pas de manière effective les comportements des gouvernants. Souvent, elles ne sont respectées par les dirigeants africains qu'après avoir été transformées et adaptées au besoin de reproduction de leur pouvoir. Ce sont davantage des artifices destinés à les maintenir au pouvoir que des règles impersonnelles de gouvernement et de limitation de pouvoir.

Même si ce phénomène n'est pas propre à l'Afrique, il s'y est répandu pendant la période post coloniale. Il est fréquent de voir certains Etats s'identifier à un individu. L'on a ainsi entendu parler de la Guinée de Sékou Toure, du Malawi de Banda, du Zaïre de Mobutu etc. S'agissant du Kenya, on a entendu dire, non sans ironie, que l'Etat c'est Moi[10].

Le corollaire de cette personnalisation du pouvoir a été la gestion patrimoniale de l'Etat. A cet effet, les stratégies de recherche de soutien ont occasionné la croissance du secteur étatique dans lequel étaient absorbées de plus en plus de personnes. Voilà ce qui explique les effectifs pléthoriques des fonctions publiques africaines dans les premières décennies qui ont suivi leur accession à l'indépendance. Outre cette croissance des effectifs de la fonction publique, l'on a constaté une tendance à la centralisation de l'Etat africain. En d'autres termes, l'autorité politique, ainsi que le pouvoir d'allouer les ressources étaient concentrées entre les mains d'un nombre restreint d'individus contrôlant le gouvernement central. De ce fait, les collectivités locales n'avaient que très peu de ressources, de pouvoir et de responsabilité.

Cette stratégie a permis à de nombreux dirigeants africains de se maintenir, mais elle a également contribué à affaiblir l'Etat dans son fonctionnement. En effet, une grande partie des ressources devant servir à promouvoir le développement économique et social, était utilisée pour payer des fonctionnaires improductifs et budgétivores.

La gestion patrimoniale consiste, en une confusion du pouvoir entre la sphère publique et la sphère privée de la part des dirigeants et de

---

[10] En référence au président Daniel Arop Mai, ancien président du Kenya

leur entourage. Ce procédé repose sur un principe relativement simple. Il faut compatir pour obtenir des postes politiques et les utiliser pour s'enrichir, financer ses clientèles, voire les coopter dans l'appareil d'Etat. La mission pour laquelle le poste est crée devient secondaire même si ceux qui luttent pour l'obtenir y insistent.

C'est ainsi que la distribution des prébendes a été l'une des stratégies de consolidation de l'Etat africain postcolonial. Mais c'est une arme à double tranchant car si à court terme elle assure la stabilité politique, à long terme elle inhibe la croissance économique. Il s'ensuit une raréfaction des ressources qui pousse l'Etat à taxer lourdement les citoyens et les opérateurs économiques qui paient des impôts trop élevés, notamment sur les produits importés. Au même moment, les ressources naturelles du pays sont exploitées à un rythme intense aux fins d'enrichir ceux qui contrôlent l'appareil d'Etat et leurs partenaires étrangers.

Dans les systèmes de personnalisation du pouvoir, les comportements politiques impliquant l'usage de la violence, de la coercition ainsi que le recours à des conspirations, sont fréquents. Le jeu politique n'y a pas de règles clairement établies et il n'existe pas d'arbitre au dessus des parties. Ce jeu est davantage caractérisé plus par une lutte, que par une compétition, dans la mesure où les coups d'Etat et les complots y sont des menaces permanentes. D'autres phénomènes comme la corruption, le clientélisme, la concussion, la gabegie y sont aussi très présents.

Ceux qui sont exclus du jeu politique mais qui désirent néanmoins y participer ne ménagent aucun moyen pour promouvoir leurs intérêts. Les responsables qui sont au pouvoir, et qui craignent de perdre leurs privilèges tendent à être paranoïaques et à procéder à des actes d'intimidation, voire à recourir à la coercition à l'encontre des opposants ou des personnes soupçonnées de comploter contre eux.

La majorité de la société se retrouve marginalisée politiquement et économiquement. Dans les quelques rares situations ou il n'y a pas de partis uniques, les élections ne sont ni libres, ni démocratiques. Les partis au pouvoir réalisent des scores qui frisent le plébiscite.

A la fin des années quatre vingt, les différentes stratégies de reproduction du pouvoir avaient montré leurs limites. La plupart des pays africains s'étaient affaiblies au plan politique, ruinés au plan économique et instables au plan social. Ils seront dès lors, obligés d'entreprendre des réformes radicales tant du point de vue économique que politique. Le pouvoir étatique se trouve défié et peine à affirmer sa capacité politique et à étendre son autorité sur l'ensemble du territoire national. Cette « érosion » de l'autorité est une conséquence directe de la gestion patrimoniale de l'Etat.

A coté des facteurs politiques de conflits, il existe des facteurs économiques qui ont dans une très large mesure contribué à affaiblir l'Etat africain, servant ainsi de terreau au développement des conflits.

B. **Les facteurs économiques**

Au lendemain de leur accession à l'indépendance, un des problèmes fondamentaux qui se posaient aux Etats africains était de rompre les liens de dépendance qui unissait leurs économies aux anciennes métropoles et d'essayer de relever de façon endogène leurs niveaux de développement.

Dans les premières décennies, malgré la diversité des choix possible, les gouvernants africains se sont arrêtés en général à trois solutions : le capitalisme d'Etat, le socialisme et la voie de développement non capitaliste[11].

À un problème récurrent, les Etats africains ont donc apporté des solutions apparemment classiques. Cependant, dans leur application concrète, ces voies de développement vont avoir un contenu nouveau. Malgré la variété des options, les Etats se voient en effet dans tous les cas investis de la mission de promotion du développement économique et social, autrement dit de jouer un rôle

---

[11] KANTE B. <<La démocratie dans les régimes politiques Ouest Africain>>, in Annales africaines, 1983-1984-1985. P. 87

d'Etat Providence.

Cette nouvelle tâche de l'Etat impliquera, dans les trois formes de développement choisies, un rôle plus important de ce dernier en matière économique. Cet objectif de développement n'est plus considéré comme un long processus de croissance harmonisée de tous les secteurs économiques, mais aussi comme un idéal, une éthique basée sur une certaine conception de l'homme.

La limitation de l'étude des politiques économiques à ces trois options dans les premières décennies de l'indépendance, s'explique par deux raisons fondamentales. D'un point de vue quantitatif, elles avaient bénéficié du plus grand nombre d'adhésions; d'un point de vue qualitatif, elles ont fait l'objet de plus de systématisation doctrinale.

Toujours est-il que ces orientations économiques n'ont pas semblé produire des résultats positifs. En effet, à la fin des années 70, la quasi-totalité des Etats africains se sont mis à libéraliser un peu plus leurs économies. Ce changement de cap était dicté par les institutions de Bretton Woods dans le cadre des programmes d'ajustement structurel.

Les pays qui ont manifesté leur attachement au capitalisme d'Etat étaient très peu nombreux dans les premières décennies de l'indépendance. On pourrait citer la Côte d'Ivoire, le Gabon et dans une certaine mesure le Cameroun. Le cas ivoirien est cependant considéré comme le plus typique. À la base de ce choix, se trouve fondamentalement le rejet du marxisme-léninisme.

On ne peut comprendre la politique économique des pays africains "capitalistes" sans se référer à leurs structures socio-économiques. On sait que ces structures, après les indépendances, résultaient en large partie de l'impact de la colonisation. Le colonisateur a, en effet introduit un secteur moderne à côté du secteur économique traditionnel; et cette dualité va entraîner une désarticulation de ces économies africaines et leur déséquilibre en faveur du secteur moderne. Mais ce secteur n'avait pas d'activités réellement profitables pour les africains, car il se concentrait essentiellement autour des industries extractives.

Les Etats africains n'ont donc pas hérité de structures favorables à l'amorce d'un développement économique et social plein et harmonieux. C'est ce qui explique qu'en Côte d'Ivoire par exemple, on fait appel à l'Etat malgré la place reconnue à l'initiative privée. Ainsi, l'état a été obligé de dépasser les limites traditionnelles dans un contexte libéral. Le capitalisme d'Etat ici ne devrait pas être entendu de la même façon qu'au sens léniniste. Dans le système économique ivoirien, les entreprises créées par l'Etat devraient être finalement transférées au secteur privé.

Le socialisme adapté en Afrique a semblé, quant à lui, bénéficier d'une faveur particulière de la part des dirigeants africains de la période postcoloniale.

C'est ce que l'on a coutume d'appeler le socialisme africain. Il constitue «une construction spécifique, en partant de Marx et Engels bien sûr, mais en les enrichissant d'autres pensées et d'autres expériences socialistes vécues de par le monde, mais surtout en s'enracinant dans les réalités négro- africaines»[12]. Il sera en fait une juxtaposition de deux éléments de la doctrine économique, en partie empruntée au schéma marxiste, et en partie aux valeurs négro- africaines. De ce fait, les éléments les plus divers s'y côtoient. C'est le résultat du désir des dirigeants socialistes d'asseoir un programme socialiste de gestion africaine des structures économiques héritées de la colonisation. Ce socialisme africain reposait sur trois éléments :

Tout d'abord, parmi les idées marxisme-léninistes dont le socialisme africain s'inspire, le président Senghor avait mentionné le Plan[13]. Par le plan, on prévoit ce que sera l'ensemble des activités productives de la nation pendant une période en fonction des objectifs fixés par les pouvoirs publics.

---

[12] L. S. SENGHOR, <<Le socialisme africain et la voie Sénégalaise>> (conférence donnée à Brazzaville en Février 1974), in B. KANTE<<La démocratie dans les régimes Ouest africains>> op. Cit. P. 54

[13] L. S. SENGHOR, <<Le socialisme africain et la voie Sénégalaise>> op. Cit. P. 54

Mais, si cette institution est un élément constant de la politique de presque tous les pays se réclamant du socialisme africain, elle y est rarement rigide et autoritaire, mais souple et indicative.

Ensuite, l'Etat agit dans le secteur industriel et commercial par des prises de participation dans les sociétés privées. Les socialistes africains n'avaient pas voulu opter pour une nationalisation systématique. Même, dans les pays où la référence au socialisme est proclamée avec vigueur, il existe un secteur privé assez considérable. Le Mali et la Guinée avaient tout de même fait œuvre originale en nationalisant tout le commerce extérieur, et en créant des sociétés d'État.

Enfin, on considère que le développement est une œuvre collective et que les citoyens doivent être organisés en conséquence, d'où un «encadrement des masses ». Il s'agissait de leur faire saisir l'importance et les impératifs du développement, de leur faire accepter les solutions proposées. Le but de cet encadrement est de permettre aux collectivités concernées de prendre librement et en connaissance de cause les décisions relatives à leur développement. C'est ce qui expliquerait l'importance donnée à l'animation rurale au Sénégal et au parti unique dans les autres pays africains de façon générale.

Des trois voies de développement les plus suivies dans les

premières décennies de l'indépendance, la voie de développement non capitaliste est la plus originale. On y sent le plus un effort de construction d'une doctrine et d'une méthode basée sur une analyse de la situation des Etats africains.

Elle n'a cependant été adoptée que par quelques pays dont le Ghana pourrait être considéré comme le chef de file. Elle part de l'idée selon laquelle le régime colonial n'avait pas totalement disparu en Afrique, dans la mesure où le néocolonialisme continuait encore à subordonner de façon subtile certains pays africains aux intérêts de l'Occident. Il s'y ajoute une exploitation des masses populaires par une minorité de conservateurs et des réactionnaires : féodaux ou "compradores", chefferie traditionnelle et bureaucratique évoluée.

Devant cet état de fait, et pour construire le socialisme, la voie de développement non capitaliste adopte une stratégie que l'on pourrait résumer en deux propositions : la lutte contre l'impérialisme et l'instauration d'une démocratie basée sur la reconnaissance des libertés individuelles. Ainsi, pour assurer l'indépendance économique des ex colonies, cette voie prône la lutte contre les monopoles économiques étrangers et les classes conservatrices qui leur servent d'appui. Par cette action qui doit être menée par l'Etat, on aboutirait à la formation d'un secteur public assez important. Les programmes d'actions devront par conséquent bénéficier d'une large adhésion des masses.

Après examen des trois voies, on a l'impression que l'Etat Providence est partout de mise du fait de la présence pesante de l'Etat. Il faut tout de même relever que paradoxalement, dans les régimes capitalistes, l'Etat était très actif alors que les socialistes étaient plutôt réformistes, ce qui révèle un emprunt timide à l'orthodoxie marxiste-léniniste.

Cette incertitude a été à l'origine de la faillite de ces politiques économiques. En tout état de cause, ces choix économiques ont tous monté leurs limites. À la fin des années 70, les économies africaines faisaient face à de grandes difficultés, surtout au plan structurel. Une des raisons objectives de cette faillite est à chercher dans la dépendance de ces économies embryonnaires vis-à-vis de l'environnement international et dans l'influence des anciennes métropoles dans la conduite économique de leurs anciennes colonies.

C'est ainsi que dans les pays socialistes, la faiblesse de la collectivation des principaux moyens de production s'expliquerait par la petite dimension des marchés intérieurs et l'incapacité des Etats africains à défier l'Occident en nationalisant toutes les entreprises exerçant sur leur territoire.

Face au besoin de lancer leurs économies, les Etats africains se sont tournés vers les institutions financières internationales. Les financements de ces institutions furent conditionnés à un engagement des Etats africains à libéraliser le secteur économique public. Les mesures dans ce sens englobent entre autres la privatisation des entreprises publiques, la compression des effectifs de la fonction publique, la réduction des dépenses publiques, la suppression des subventions du secteur primaire, l'ouverture des marchés intérieurs à la concurrence etc.

Cette libéralisation économique devrait assurer à l'individu une émancipation sociale. Mais cette quête d'épanouissement individuel va donner naissance à des disparités et des inégalités sociales très marquées. En effet, après deux décennies de politique néolibérale dite "d'ajustement structurel", un très grand nombre de pays africains se trouve dans une situation de pauvreté extrême.

Pris dans l'étau de la dette et des mesures imposées par le fonds monétaire international(FMI), l'Etat ne paie plus le salaire des fonctionnaires et abandonne écoles, hôpitaux, transports etc. Les conditions de vie des ménages sont devenues de plus en plus précaires. La crise économique frappe de plein fouet les citoyens à travers la baisse du pouvoir d'achat, les licenciements, le renchérissement du coût des denrées de première nécessité (pain, sucre, riz, maïs etc.).

Ainsi, il apparait que les causes des conflits en Afrique sont multiples et complexes. Leur complexité relève du fait qu'ils résultent de la combinaison de facteurs aussi bien d'ordre politique, économique que culturel. Ils constituent pour ce faire des obstacles certains à la bonne conduite du processus d'intégration sur le continent. Il est donc impérieux pour les Etas africains de mettre en œuvre les moyens adéquats qui permettront d'arriver à bout du fléau des conflits.

Paragraphe 2 : l'impact négatif des conflits sur le processus d'intégration et la nécessité de leur résolution

Les conflits constituent en Afrique des données qui retardent toutes les ambitions de développement durable et solidaire des Etats africains. En effet les Etats africains, réunis au sein de l'Union Africaine, conscients de cette réalité ont fait de la résolution des conflits leur priorité. À cette fin, un protocole portant création du Conseil de Paix et de Sécurité a été ratifié le 31 décembre 2003 par 27 Etats membres de l'organisation, nombre requis pour l'entrée en vigueur de cet organe.

«Ce conseil doit renforcer les capacités de l'union à prévenir, gérer, résoudre les conflits et à consolider la paix en Afrique dans les situations d'après-guerre. Il devrait également déterminer les programmes et initiatives de diplomatie préventive, de consolidation de la paix et de restauration de la paix afin de renforcer la sécurité et la stabilité en Afrique»[14].

En effet, la plupart des conflits destructeurs que l'Afrique a connu ces dernières années ont été internes, quoiqu'ils aient souvent eu une dimension régionale ou aient été alimentés par des puissances extérieures.

Ces conflits ont sérieusement entravé et continuent à l'état actuel des choses, de compromettre le développement dans de nombreux pays d'Afrique, provoquant des pertes en potentiel humain et les privant des ressources déjà limitées.

La sécurité et la stabilité sont donc des conditions préliminaires essentielles au développement.

Les processus de réformes économiques et politiques qui conduiront à une croissance économique autonome, ne peuvent pas être engagés dans des pays qui restent en proie à des conflits.

Par ailleurs, avec la fin des conflits majeurs en Afrique, est venue aussi la fin du conflit interne alimenté par les puissances étrangères

---

[14] www.africa-union.org communiqué de presse relatif à la création du conseil de Paix et Sécurité de l'UA

qui utilisaient les pays africains, individuellement ou collectivement aux fins de leurs propres rivalités géopolitiques.

Avec l'achèvement de la guerre froide, l'Afrique voit cesser l'ingérence des grandes puissances dans les conflits africains par la fourniture d'armes, d'argent ou d'une assistance technique.

Les conflits que l'Afrique connait aujourd'hui illustrent la vulnérabilité de nombreux pays alors qu'ils entreprennent simultanément réformes économiques et politiques. Ils témoignent aussi de l'importance qui doit être accordée à la mise en place des mécanismes efficaces de gestion de conflits.

De toute évidence, le Conseil de Paix et de Sécurité (CPS) est l'organe sur lequel repose tous les espoirs quant à l'éradication du fléau des conflits sur le continent. Paradoxalement, l'acte constitutif de l'Union Africaine n'avait pas prévu originellement la création du Conseil de Paix et de Sécurité. C'est seulement lors du lancement officiel de l'Union Africaine, en 2002 à Durban, que les chefs d'Etat et de Gouvernement de l'OUA ont donné corps à une institution dont les premiers traits avaient été esquissés, un an auparavant, au sommet de Lusaka, sous la forme d'un conseil de médiation et de sécurité.

Les fonctions du Conseil de Paix et de Sécurité (article 6 du protocole) recouvrent des domaines très étendus, qui vont de la prévention des conflits, avec l'instauration de systèmes d'alerte, à la mise en oeuvre d'opérations militaires dans les cas prévus par l'acte constitutif, en passant par la promotion d'une politique de défense commune. Il doit devenir, après la ratification du protocole relatif à sa création, « l'organe de décision permanent pour la prévention la gestion et le règlement des conflits». Il constitue toujours selon le protocole (article 21), «un système de sécurité collective et d'alerte visant à permettre une action rapide et efficace aux situations de conflits en Afrique»[15].

Par ces principes et les objectifs qui le guident, en tous points identiques à ceux qui figurent dans l'Acte constitutif de l'Union, comme par ses modalités de saisine et d'intervention ou encore les instruments sur lesquelles il s'appuie, le Conseil de Paix et de Sécurité marque une franche rupture avec l'organe central de l'ancien mécanisme auquel il se substitue. Du reste, le protocole relatif à sa création tient lieu et place de la déclaration du Caire de 1993 et ses dispositions remplacent les résolutions et décisions de l'OUA relatives au mécanisme pour la prévention, la gestion du règlement des conflits qui sont contraires au présent protocole.

Le Conseil de Paix et de Sécurité, se distingue de l'ancien organe par sa composition et les modalités de désignation de ses membres.

---

[15] Protocole relatif à la création du conseil de Paix et Sécurité de l'UA, juillet 2002

Il comprend quinze membres, dont dix ayant un mandat de deux ans et cinq un mandat de trois ans. L'élection des membres du conseil tient compte du principe de la représentation géographique équitable et de la rotation, avec néanmoins la possibilité, pour un membre sortant, d'être immédiatement rééligible. En revanche, comme pour l'organe central, le nouveau conseil peut se réunir aussi bien au niveau des représentants permanents (au moins deux fois par mois), que des ministres ou des chefs d'Etat et de Gouvernement.

À s'en tenir au texte du protocole, l'Union Africaine dispose donc d'un dispositif de sécurité qui s'impose aux mécanismes régionaux et s'intègre dans la mission de maintien de la paix des Nations unies en vertu du chapitre8 de la Charte. Sur la suprématie des Nations unies en la matière, le protocole souligne sans ambiguïté que le Conseil de Paix et de Sécurité «coopère et travaille en étroite collaboration avec le conseil de sécurité des Nations unies, qui assume la responsabilité principale du maintien de la paix et de la sécurité».

L'originalité de ce nouveau dispositif de l'Union Africaine concerne deux aspects de la collaboration désormais institutionnalisée du président de la Commission, d'un groupe de sages composé de cinq personnalités africaines désignées par le président de la

Commission après consultation des Etats d'une part, et le Conseil de Paix et de Sécurité d'autre part. Le second aspect de l'innovation réside dans la création de nouveaux instruments permettant au conseil d'assumer pleinement ses responsabilités en matière de prévision et de prévention des conflits, (système continental d'alerte rapide), d'intervention (force africaine pré positionnée) et de commandement des opérations (comité d'état major).

L'ambition de l'Afrique à travers cet instrument novateur qu'est le Conseil de Paix et de Sécurité est de trouver des solutions à des conflits dévastateurs, dont, peu ou prou, se désintéresse la communauté internationale, et de mieux cerner les maux qui en sont générateurs. C'est dans cet ordre d'idées que la notion de consolidation de la paix est introduite dans le protocole relatif au Conseil de Paix et de Sécurité, impliquant, entre autres, des actions visant à promouvoir les réformes institutionnelles et économiques ainsi que des actions humanitaires.

Toutefois, ils convient de préciser que l'intervention de l'Union Africaine se fonde sur deux considérations : elle découle d'abord du «droit de l'Union d'intervenir dans un Etat membre sur la décision de la Conférence dans certaines circonstances graves, à savoir les crimes de génocide, les crimes contre l'humanité», et ensuite du « droit des Etats membres de solliciter l'intervention de l'Union pour restaurer la paix et la sécurité».

Aujourd'hui, avec l'entrée en vigueur du Conseil de Paix et de Sécurité depuis décembre 2003, l'espoir est de mise quant à son action positive et salvatrice dans la résolution de conflits qui essaiment à travers le continent. Cette innovation institutionnelle en matière de résolution de conflits se doit d'être mise à l'épreuve de la pacification du continent et, ce d'autant plus que celui-ci est traversé de continuums conflictuels qui font de la région le lieu le plus chaotique et le plus meurtrier du monde.

En effet, d'après le rapport du Secrétaire Général des Nations unies sur les causes des conflits en Afrique publié en 1998, plus de trente guerres à majorité interétatiques se sont déroulées en Afrique depuis 1970. En 2006, au moins quinze des 53 Etats du continent étaient marqués par des tensions conflictuelles soit ouvertes, soit larvées.

L'Afrique de l'Ouest, connaît des conflits ouverts à la fois classiques et dégénérés (Sierra Leone, Liberia, Côte d'Ivoire, Guinée-Conakry, Casamance), l'Afrique centrale intègre désormais le régionalisme conflictuel de "l'Afrique médiane" allant de l'Angola au Soudan en passant par le Tchad et la Centrafrique, les deux Congo, le Rwanda et le Burundi, l'Ouganda, l'Ethiopie, l'Erythrée et la Somalie. En Afrique Australe, le Zimbabwe est un espace politique tendu, tandis que le très fort taux de criminalité en Afrique du Sud représente une menace permanente pour la stabilité du pays. En Afrique du Nord, l'Algérie n'est pas encore définitivement sortie d'une décennie de guerre civile, tandis que le conflit armé du Sahara occidental n'a jusque là pas connu d'issue définitive et durable[16].

Sous ce rapport, il apparaît clairement que, la nouvelle "Afrique" qui entend faire de l'intégration et de l'unité une réalité, est une Afrique des conflits. Dès lors, il urge de mettre en œuvre différentes stratégies qui permettront de sortir le plus rapidement et le plus efficacement possible de cette situation. Faute de quoi, l'unité politique du continent tant souhaitée ne saurait être effective.

Outre la question des conflits, une autre série de facteurs essentiels relatifs notamment à la démocratie, à la bonne gouvernance compromettent sérieusement les ambitions d'intégration politique de l'Afrique.

Section 2 : La démocratie à l'épreuve en Afrique

Le climat politique de l'Afrique s'est profondément transformé depuis 1989. Le fameux discours de la Baule de 1990 et la fin de la guerre froide y ont certainement été pour beaucoup.

A l'évidence, dans de nombreux pays du continent des progrès considérables ont été réalisés sur la voie de la libéralisation politique.

---

[16] Coalition mondiale pour l'Afrique, démocratie et bonne gouvernance, p. 45

Par ailleurs, un certain nombre de pays ont maintenant des gouvernements élus, tandis que la plupart d'entre eux se sont engagés à des degrés divers, dans un processus de transition politique allant dans le sens de la démocratisation.

En revanche, il faut reconnaître que les prédictions qui annonçaient qu'une « vague de démocratie » balaierait le continent se sont révélées d'un optimisme excessif, et que pire, le rythme de la démocratie s'est ralenti. Comme en témoignent des évènements récents (élection présidentielle au Nigéria, législatives au Sénégal), il n'est pas certain que la transition politique aboutisse à la démocratie, ni que les régimes « démocratiques » prennent durablement racine.

Ces évènements montrent également que la tenue d'élections ne garantit pas la démocratie, et qu'il reste beaucoup à faire pour en renforcer les fondements institutionnels, et pour mettre en garde contre les attentes irréalistes sur l'issue des élections. En effet, la transition vers la démocratie en Afrique est un phénomène complexe, qui dépend de nombreux facteurs. Ces facteurs qui sont de nature historiques, culturels, voire économiques pourraient justifier dans une certaine mesure, les difficultés d'implantation et d'enracinement de la démocratie en Afrique.

Il apparaît en outre, que les changements politiques intervenus dans la vie politique ne sont pas nécessairement assortis d'un véritable engagement à l'égard des nouvelles règles et des nouveaux comportements et que, même dans les pays où le résultat d'une élection a été accepté par toutes les parties, il reste beaucoup à faire pour assurer le bon fonctionnement de la démocratie. Car en l'état actuel des choses, la pratique africaine de la démocratie s'apparente à un autoritarisme « voilé ».

Paragraphe 1 : La problématique de l'implantation et de l'enracinement de la démocratie en Afrique

La problématique de l'enracinement et de l'implantation de la démocratie est au cœur de toutes les réflexions sur l'avenir et le devenir du continent africain, tant il est vrai que la démocratie est incontestablement une des conditions premières pour le développement et l'intégration en Afrique. Conscients de cette donne, les Chefs d'Etats et de Gouvernement ont convenu de la création d'une Charte Africaine sur la Démocratie et la Bonne Gouvernance.

La difficulté de démocratisation du continent africain est tributaire d'une pluralité de facteurs, au nombre desquels, on peut citer la trajectoire politique des Etats africains, leur historicité propre ainsi que la situation dégradée de leur économie qui ne favorise pas la conduite cohérente des processus de transitions démocratiques.

Ceci étant, pour bien comprendre la problématique de la démocratie africaine, il faut partir des contradictions et des conflits d'ordre culturel que connaissent les sociétés africaines postcoloniales. En effet, l'incapacité des régimes politiques africains à constituer des centres d'agrégation et d'articulation des différentes forces qui les déchirent, constitue l'obstacle majeur à l'enracinement de la démocratie. Ces contradictions sont en réalité de deux sortes : d'une part, une opposition entre les valeurs de l'Occident et celles de l'Europe de l'Est, et l'opposition entre le traditionalisme et le modernisme d'autre part.

Dans leur souci d'ouverture vers l'extérieur, les dirigeants politiques africains ont fini par réunir dans un même ensemble deux conceptions fondamentalement opposées de la liberté : La liberté au sens individualiste et la liberté au sens collectiviste. Ces deux conceptions sont si opposées qu'on a du mal à imaginer leur coexistence possible dans un même régime politique. Mais, les leaders africains ont donné à chacune d'elles une signification particulière.

Prise au sens libéral, la liberté avait une fonction de légitimation dans les relations internationales. Le sens socialiste par contre joue un rôle de conservation du pouvoir.

La référence à la conception libérale de la démocratie permet aux

Etats africains de satisfaire partiellement aux « exigences démocratiques » des pays occidentaux. Une des conséquences les plus importantes au plan politique, est la liberté d'association, donc le droit d'opposition. Dans la mesure (assez limitée du reste) ou il est reconnu et effectivement garanti dans les Etats africains, ce droit d'opposition sert presque uniquement à leur donner une image de marque sur la scène internationale. La révision constitutionnelle du 19 mars 1976 instituant le tripartisme au Sénégal est édifiante à cet égard. On peut en effet penser que la perspective d'une adhésion du président Senghor à l'Internationale Socialiste en est une des causes. De même, pour bénéficier des avantages consentis par certaines institutions internationales à caractère économique et financier, les Etats africains se conforment occasionnellement et partiellement au « code de bonne conduite » élaboré par les puissances occidentales qui dominent ces organisations.

En définitive, lorsque les droits de l'homme sont respectés par les régimes politiques africains, c'est moins pour les besoins de la réalisation de la démocratie que pour satisfaire aux exigences du système occidental dans lequel ils sont insérés.

A l'inverse, la référence à la notion de liberté au sens des pays de l'Est permet aux dirigeants africains de briser les velléités de contestation du pouvoir. Selon cette conception, la liberté ne s'exerce pas contre l'Etat, mais par son intermédiaire. La remise en question de la politique gouvernementale devient ainsi une contestation des fondements même de la société tout entière. Cette interprétation qui se retrouve en Afrique, si regrettable soit-elle, ne saurait étonner. Elle se traduit par des arrestations d'opposants et de leaders syndicaux. Ce qui permet aux dirigeants politiques au pouvoir de s'y maintenir durablement.

Ce n'est donc qu'au moyen d'un artifice que ses dirigeants ont pu concilier deux conceptions opposées de la démocratie. Mais ce n'est pas là le seul conflit qui paralyse la marche vers une voie africaine de la démocratie. En effet un autre obstacle vient du fait que l'Afrique est écartelée entre deux systèmes de valeurs : le traditionalisme et le modernisme.

Ce conflit déchire les sociétés politiques africaines et constitue un obstacle significatif à l'édification d'une démocratie viable et crédible en Afrique. Il trouve son origine dans la tentative de renaissance des valeurs culturelles de l'Afrique.

Du fait de la colonisation, toute l'organisation sociale traditionnelle africaine avait été modifiée. L'unité de cette structure sociale de base n'était plus constituée par la famille au sens large, ou le clan, mais par des cellules plus petites comme la famille au sens restreint ou même l'individu. Dès lors, la vie sociale ne va plus être perçue comme une démarche collective. L'Africain va tendre de plus en plus à s'affranchir des règles de la collectivité dans laquelle il était intégré, et à jouir d'une autonomie individuelle.

Parmi les causes de cette attitude nouvelle, il faut citer la scolarisation qui a facilité l'assimilation de la culture occidentale. De la sorte, on a abouti en Afrique à la constitution d'une certaine catégorie sociale ayant adhéré à l'individualisme occidental.

Cette catégorie sociale constituée par l'élite, s'est interposée entre les populations rurales et le colonisateur. Pourtant, bien qu'ayant assimilé cette culture occidentale, des intellectuels africains gardent encore eux- même un fond traditionnel. De même, les masses rurales demeurent encore attachées aux valeurs ancestrales en dépit des efforts de modernisation. Dès lors, se pose le problème de la superposition de l'individualisme des sociétés occidentales au système des valeurs traditionnelles dans lequel, le groupe prime sur l'individu. L'incapacité des africains à se déterminer franchement par rapport à ces systèmes différents aboutit finalement à une confusion sur le plan idéologique et plus particulièrement à une conception ambiguë du contenu de la liberté.

En effet, la notion de liberté a eu un contenu variable selon les époques et les sociétés. Ce contenu dépend de l'environnement social, intellectuel, moral et politique des différentes sociétés. Il est donc normal que les pays africains aient leur conception de la liberté. D'ailleurs, l'évolution de la notion de liberté prouve son adaptation à la vie sociale.

Elle a d'abord été entendue au sens des droits naturels et subjectifs, inaliénables et imprescriptibles ; elle a ensuite été réglementée et l'Etat va avoir un droit de regard sur la totalité de la vie sociale. Cette œuvre de définition et d'interprétation, les Africains ont été incapables de la réaliser. Ils vivent entre deux mondes, car ils n'ont pas encore réussi à réduire les courants culturels contradictoires qui traversent leurs sociétés. De ce fait, ils ne dégagent pas une conception claire et nette de la liberté, qui est pourtant le fondement de la démocratie.

Contrairement à une opinion très répandue, les africains vivent dans un système où deux types de valeurs sont intégrés. Le problème qui se pose dès lors en Afrique est le dépassement de l'affrontement de ces deux cultures occidentale et africaine. Cette question n'a pas trouvé de réponse acceptable. L'échec provient essentiellement du fait que l'adaptation des apports extérieurs à la culture africaine n'a pas été adéquate. Bien des sociétés ont réalisé dans l'histoire une assimilation des valeurs étrangères tout en conservant ce qui leur était spécifique.

Dans son principe, une tentative de synthèse des différents

éléments de civilisation empruntés ou même subis de l'extérieur n'est donc ni impossible, ni condamnable. Seulement, les régimes politiques africains n'ont pas su se moderniser. La manifestation la plus éclatante se trouve dans l'imprécision des contours et du contenu de la liberté en Afrique.

La combinaison de l'exégèse des textes constitutionnels, de l'idéologie et de la pratique des Etas africains a permis de tracer à grands traits le véritable visage de la démocratie africaine.

La conception africaine de la démocratie se caractérise théoriquement par une forte dose d'occidentalisation, sans ce confondre dans la pratique avec l'idéologie qui la sous-tend. Sur un autre plan, bien que le fait démocratique africain se rapproche des pratiques démocraties des pays de l'Est, il ne semble pas que l'on puisse aboutir à une analogie.

Ainsi la liberté ne peut se définir en Afrique ni au sens individuel, ni au sens collectiviste. Cette ambiguïté fait apparaître le syncrétisme de la démocratie africaine.

Cette conception africaine de la démocratie n'en constitue pas pour autant une troisième variante de la démocratie[17]. Dans le cas des deux grandes expériences antérieures à l'apparition des Etats africains indépendants, on est parti de l'idée de base de la

---

[17] B. KANTE, <<La démocratie dans les régimes politiques Ouest-africain, op. Cit. P. 119

démocratie pour l'interpréter. Or en Afrique, la démarche semble différente. On envisage plus la démocratie comme un idéal à atteindre, mais chaque dirigeant prend en considération les spécificités de son pays, voire ses intérêts personnels pour leur appliquer le système de gouvernement adéquat. Cette approche de la démocratie va donner naissance à un modèle qui se rapprochera selon les cas du libéralisme ou du communautarisme.

Dans tous les cas, ce modèle ne traduit qu'une conception «néo-patrimoniale» du pouvoir en Afrique, faite d'une confusion entre la sphère publique et la sphère privée du détenteur du pouvoir[18]. Si l'on considère cette conception africaine de la démocratie comme troisième variante, il faut convenir alors qu'elle se refuse à une systématisation rigoureuse.

On reconnaît qu'il n'a jamais existé de véritable démocratie, et qu'il n'en existera jamais comme le prédisait Jean Jacques Rousseau dans le «contrat social»[19]. Sa réalisation ne peut donc être qu'une aventure, une expérience fondée sur le volontariste. Cette démocratie idéale suppose trois niveaux d'application de la liberté et de l'égalité : politique, économique et personnelle.

Les Etats africains, dans leur tentative de concevoir un projet de

---

[18] Jean François MEDARD, <<La spécialité des pouvoirs africains>>, in pouvoirs, n°25, 1983, p 15

[19] J. J. ROUSEAU ; Du contrat social. Livre3, chap4, p. 107. In B. KANTE, <<La démocratie dans les régimes politiques ouest Africains>> op. Cit p. 119

société démocratique, ont abouti à des résultats insuffisants. Il ne faudrait pas, cependant, exagérer la portée des déformations subies par le concept de la démocratie en terre africaine. Les interprétations de la démocratie en Occident et en Europe de l'Est recèlent aussi des lacunes notoires. Le vice fondamental qui semble affecter une affirmation et une implantation acceptables de la démocratie en Afrique est cette inadaptation aux réalités nationales et locales. Or, la construction de l'Etat en tant qu'institution et mode de gouvernement démocratique doit obéir à certaines conditions valables en toutes circonstances. L'idéal démocratique est donc relativement autonome.

Cependant, dans l'esprit de nombreux dirigeants africains, une démocratie effective serait conditionnée essentiellement par le niveau de développement économique et dans une moindre mesure par l'éthique sociale du pays qui tente de la réaliser.

L'idéal démocratique comporterait-il des préalables économiques ? En vérité, les mesures et les structures économiques devraient être choisies en fonction de la liberté des individus. La démocratie, loin d'être subordonnée aux conditions économiques, est théoriquement créatrice d'un climat social et économique stable.

Finalement, on s'aperçoit que la problématique de la démocratie en Afrique est très complexe. La conception africaine de la démocratie ne repose pas sur une analyse systématique. Elle ne résulte pas non plus d'une construction doctrinale rigoureuse. Elle tente d'amalgamer les éléments les plus divers à savoir les apports extérieurs et les conditions sociologiques et économiques des Etats africains. Ainsi, son examen laisse t-il parfois à l'observateur une impression de confusion.

Eu égard à ces considérations, la pratique africaine de la démocratie se démarque substantiellement de l'idéal démocratique. A y regarder de près, elle s'apparente à un autoritarisme « voilé ».

Paragraphe 2 : La pratique africaine de la démocratie, un autoritarisme « voilé »

D'emblée, il convient de constater que l'Afrique n'a presque connu que des régimes autoritaires depuis les indépendances. Les exceptions furent de deux ordres : Soit une poignée de régimes démocratiques ou s'en approchant, soit des entités politiques en proie à la « guerre civile », dans ce dernier cas , la violence est à son comble et on peut difficilement parler de régime politique ou même d'Etat.

« L'autoritarisme est une notion à laquelle il est difficile de trouver une définition claire, tant cette appellation regroupe finalement une très grande variété de formes de pouvoir institutionnalisé. Il n'est d'ailleurs pas exagéré d'avancer l'idée que les autoritarismes sont actuellement beaucoup plus présents à la surface du globe que ne le sont les démocraties. Des régimes militaires, aux monarchies fondamentalistes en passant par les régimes ultra nationalistes, les systèmes présidentialistes de type sud-américain ou les tyrannies molles à l'image de la Syrie ou de la Libye. La liste est longue, illustrant la diversité de la réalité autoritaire »[20].

Ce que partagent finalement tous ces régimes, c'est une même tendance à l'abus d'autorité, quelle que soit la forme de celle-ci. Pour reprendre la distinction Wébérienne, l'autorité peut être traditionnelle, lorsqu'elle repose sur un corps de «coutumes sanctionnées par leur validité immémoriale », elle peut être charismatique lorsqu'elle s'incarne dans un personnage perçu comme exceptionnel et grandiose ; elle est enfin légale-rationnelle lorsqu'elle se fonde sur une « direction administrative bureaucratique ». L'abus d'autorité peut être constaté dans les trois formes d'autorité susmentionnées, et il prend la forme d'un gouvernement qui fonctionne plus à la forme qu'au compromis, plus à l'injonction qu'à la persuasion, plus à la règle de droit qu'à celle du droit. Pour autant, les régimes autoritaires ne doivent pas se confondre avec les dictatures. La différence est notable entre les formes de gouvernement qui nient totalement les principes et l'idée

---

[20] D. ALCAUD et L. BOUVET, dictionnaire de sciences politiques et sociales, Paris, Dolloz, 2004, p.12

même de la démocratie et les autoritarismes, dont beaucoup affichent leurs ambitions démocratiques, leur volonté transitoire vers la démocratie (cas de nombreux régimes militaires), ou pour certains, se déclarent comme des régimes réellement démocratiques. En Afrique particulièrement elle se manifeste à travers l'omniprésence des régimes militaires.

Face à cet état de fait, déjà au mois de Juillet 1999, à Alger, l'OUA a décidé d'exclure de ses sommets tout gouvernement issu d'un coup d'Etat [21] . Pourtant cette même année, les militaires ont renversé des gouvernements au Niger, en Sierra Léone aux Comores et en Cote d'Ivoire.

Aujourd'hui, avec l'UA et près de quinze ans après la transition démocratique africaine et face à la persistance des coups d'Etat et des crises politiques sur le continent, l'Afrique s'est dotée d'une Charte destinée à y asseoir durablement la démocratie et stabilité. En effet, lors d'une réunion à Brazzaville, les ministres de l'UA ont adopté un projet de Charte sur la Démocratie, les élections et la gouvernance qui fut soumis pour adoption lors du sommet des chefs d'Etat et de Gouvernement de l'UA tenu les 1er et 2 Juillet 2005 à Banjul, avant d'être soumis à ratification par les Etats-membres. Cette charte rappelle que,

---

[21] A. Ayissi, <<illusoire interdiction des coups d'état>>, in Manière de voir, n°51,mai-juin. 2000, p32

«Bien que des progrès considérables aient été réalisés en matière de démocratie en Afrique depuis les années 90, le processus du maintien et de la consolidation du système démocratique demeure une tâche décourageante, et qu'il est évident que la transition démocratique est relativement plus facile que le maintien et l'édification de la démocratie»[22].

En effet, poursuit la Charte, «Renoncer à un gouvernement autoritaire est une chose, poser des fondations institutionnelles et culturelles pour la démocratie en est une autre.. ».

La situation politique des Etats africains invite à un profond changement, tant il existe un hiatus profond entre la proclamation à l'adhésion aux principes démocratiques et la pratique qui, elle s'apparente à l'autoritarisme. En atteste, la recrudescence des coups d'Etats en Afrique depuis la transition démocratique.

Le coup d'Etat n'est pas un mal en tant que tel, mais plutôt un symptôme. C'est une manifestation externe des dysfonctionnements internes aux Etats. Il est nécessaire dans ce cas de trouver remède aux causes des coups d'Etats.

Le problème n'est donc pas tant le coup d'Etat que les conditions et les situations qui favorisent la tentation du coup de force à la tête de

---

[22] www.africa-union.org. Communiqué de presse relatif à la création d'une charte africaine sur la Démocratie, les élections, l'État de droit et la bonne gouvernance en Afrique

l'Etat. Il est évident que ces coups d'Etat ne sont pas toujours le fait d'armées républicaines. Or il ne saurait y avoir d'armée républicaine sans république. De là, une interpellation majeure relative au défi des coups d'Etat en Afrique se dégage :

Pourquoi ce phénomène est-il devenu si banal sur le continent ? La réponse est qu'il n'existe pas ou peu de pays en Afrique dotés de système de pouvoir institutionnalisé au sens concret du terme.

En effet, la crise est d'abord institutionnelle. La démocratisation a apporté le multipartisme et une certaine liberté de la presse. Mais elle n'a pas apporté le principe fondamental d'acceptation de l'alternance. Le Bénin en 2006, le Sénégal en 2000, et le Mali en 2002 sont à ce jour les seuls exemples d'alternance véritable par la voie des urnes. Le plus souvent, un président une fois installé au pouvoir, n'entend en aucun cas le céder par la voie des urnes. L'attitude du président Omar BONGO à la tête du Gabon depuis près de quarante ans est « tristement » illustrative à cet effet.

La fraude électorale est massivement pratiquée dans la plupart des pays africains. En attestent par exemple les multiples irrégularités manifestes qui ont été soulignés par les différents observateurs présents au Nigéria durant l'élection présidentielle tenue en Avril 2007.En dépit de ces contestations, le président frauduleusement élu a été installé dans ces fonctions. Mais le problème n'est pas qu'électoral. Le multipartisme n'a engendré qu'une acceptation minimale des règles du jeu, du côté des responsables politiques au pouvoir d'abord, et ensuite du côté des oppositions désunies et en crise permanente. La logique de la confrontation est souvent la norme, comme au Togo durant l'ère Eyadema, ou une crise aigue mettait aux prises un pouvoir patrimonial et une opposition intransigeante.

Dans ce contexte, toute la crise devient une crise de régime .Il n'y a aucun code, même tacite et réduit à l'essentiel de la « bonne conduite » politique. Or, on voit mal comment un Etat démocratique peut se passer d'un minimum de consensus institutionnel. Les intrigues et les complots sont de ce fait omniprésents. Les tentatives du président Bédié d'exclure M Alassane Dramane Ouattara de la candidature à la présidence de Cote d'Ivoire l'illustrent bien et ont certainement contribué à son éviction du pouvoir en Décembre 1999.

Dans ce choc permanent des ambitions, qui se fait au détriment des idées et des règles démocratiques, tous les coups semblent permis, y compris les coups de force militaire. Au demeurant, dans bien des cas, l'armée devient le seul rempart contre le désordre et l'instabilité politique.

L'incapacité de la plupart des hommes de pouvoir à sortir du système des prébendes, du clientélisme et du népotisme à tous les échelons de la fonction publique, et même au sommet de l'Etat sont des traits communs à la plus grande partie des appareils d'Etat africains, qui se réclament curieusement et paradoxalement de la démocratie.

Ainsi, il apparaît que la démocratie a été battue en brèche par l'autoritarisme, caractérisée par les comportements anti démocratiques des hommes politiques, et par les coups d'Etat militaires.

En définitive, on peut légitimement avancer que, « L'acclimatation de la démocratie suppose simultanément des contraintes contextuelles et une responsabilisation des dirigeants par un apprentissage des normes démocratiques »[23].

Toutefois, la conversion tardive des dirigeants et des opposants à la démocratie ne les discrédite pas à priori, même si elle porte à les considérer avec circonspection.

---

[23] Jean François MEDARD, <<autoritarisme et démocraties>>, op. Cit. P. 60

CHAPITRE II l'UNION AFRICAINE, OU LE REFUS DE L'IDEAL PANAFRICAIN DES ETATS-UNIS D'AFRIQUE.

L'un des grands défis posés aux Etats africains est la réalisation de l'unité politique conformément aux vœux des précurseurs du panafricanisme. La création de l'UA participe donc de cette dynamique. L'acte constitutif de cette dernière, dont l'idée avait été lancée en Septembre 1999 en Libye sous le nom des Etats-Unis d'Afrique a été adopté en Juillet 2000 à Lomé, au Togo au cours du 36ème sommet de l'OUA.

Toutefois de nombreuses ambiguïtés et zones d'ombre entourent cet acte fondateur qui sert de base institutionnelle à la dite Union. Ils sont révélateurs de la difficulté avec laquelle a été mise en place cette Union Africaine. De ce fait, on a assisté à la naissance d'une organisation aux contours mal définis avec un déphasage criard entre les textes et la réalité.

Section 1 : La difficile mise en place de l'Union africaine

Les difficultés que rencontrent aujourd'hui l'UA dans la mise en oeuvre effective de l'unité politique du continent, à travers notamment l'édification à terme des Etats-Unis d'Afrique peut se comprendre au regard d'une pluralité de facteurs. D'abord au regard du contexte et des conditions qui ont présidé à la création de l'UA, et ensuite, au regard des tensions et divergences idéologico-politiques qui ont émaillé le processus de mise en place de l'UA.

Paragraphe 1 : Le contexte et les conditions de création de l'Union Africaine.

La gestation de l'UA fut longue et difficile. Débutée en 1999 à Syrte avec la déclaration du même nom, le processus de création de l'UA s'est finalement achevé en Juillet 2002 avec le premier sommet des chefs d'Etat et gouvernement, qui a consacré l'entrée en vigueur officielle de l'organisation, avec la mise en place des nouveaux organes, notamment la commission.

Cette organisation ainsi créée, apparaissait donc, comme étant la concrétisation de la volonté manifestée par les dirigeants africains d'impulser une nouvelle dynamique au processus de développement et d'intégration politique du continent.

Porté sur les fonts baptismaux en remplacement de l'OUA, en vue de remédier aux insuffisances et limites dont cette dernière a fait montre depuis sa création en 1963, en réalisant le plus rapidement possible l'unité politique de l'Afrique, l'UA reste néanmoins une équation à plusieurs inconnues. Car pour beaucoup d'observateurs, elle n'est « ni plus ni moins qu'une sorte « OUA bis ».

En effet, l'OUA qui avait été créée près de quarante années auparavant avait montré ses limites quant à sa capacité à relever sereinement et efficacement les défis de l'intégration économique et politique sur le continent africain.

L'UA apparaissait au moment de sa création comme l'alternative la plus crédible à même de booster le processus d'unité continentale qui devra culminer avec l'édification des Etats-Unis d'Afrique.

Seulement, le climat et les circonstances qui ont jalonné le processus de sa création nourrissent le scepticisme au sujet de la capacité et surtout de la volonté politique des leaders africains à mettre en place les bases d'une future fédération des Etats-Unis d'Afrique.

Déjà à Syrte en 1999, des divergences avaient commencé à se manifester. En effet, au cours des débats sur la seule question à l'ordre du jour de ce sommet extraordinaire de l'OUA, qui était libellée comme suit : Comment renforcer la capacité de l'Afrique à faire face aux défis du nouveau millénaire ? deux positions se sont exprimées.

Pour Kadhafi, la seule réponse qui vaille à cette question est la création d'une Union Africaine sur le modèle des Etats-Unis d'Amérique ou de l'Europe avec des organes législatifs et exécutifs censés être opérationnels en 2000.

Pour les autres, plus nombreux, il fallait seulement rénover l'OUA. Pas d'Union Africaine forte. Les discussions n'ont finalement pas permis d'aboutir à un accord sur un modèle d'institutionnalisation de l'UA. C'est malheureusement, en dépit de ces divergences que mandat fut donné par les chefs d'Etat pour un projet d'élaboration d'un acte constitutif en tenant compte des objectifs et principes de l'OUA, ainsi que ceux du Traité (Traité d'Abuja) instituant la Communauté Economique Africaine(CEA).

Le projet final constituera un compromis entre les thèses minimalistes et les thèses maximalistes, comme cela avait été le cas au moment de la création de la « défunte OUA ». Le projet a été soumis par la suite aux chefs d'Etat et de Gouvernement réunis à Lomé du 7 au 12 juillet 2000. « Ils l'adoptèrent avec la signature de 27 Etats et après plusieurs sessions de huis clos des 37 chefs d'Etats présents »[24].

Les dirigeants africains réunis à Lomé avaient à cette occasion manifesté une réelle volonté de moderniser l'OUA. Toutefois, en raison de l'insistance sur une forme fédérale assez rigide d'union politique, un certain nombre de pays ont préféré s'abstenir de signer l'Acte constitutif de l'UA.

Ainsi, les divergences internes des dirigeants africains ont conduit à l'adoption d'un texte restant en deçà des espérances du leader

---

[24] Ives Ekoné AMAIZO<<De l'OUA à l'Union africaine : les chemins de l'interdépendance>> in Afrique contemporaine, n°197, Javier-Mars 2001, p. 97

libyen, le colonel Kadhafi qui, lors du sommet de syrte du 9 Septembre 1999, avait présenté son grand projet de création des Etats-Unis d'Afrique, en s'inspirant des pères fondateurs de l'OUA notamment le Ghanéen Kwamé Nkrumah. En effet ce dernier proposa dès 1963, mais sans succès, de faire fi des nationalismes étroits en formation sur le continent africain.

Finalement, le projet des Etats-Unis d'Afrique, courageusement défendu et promu par les illustres figures du panafricanisme et remis en scelle à l'orée du troisième millénaire par quelques chefs d'Etats convaincus du bien fondé de cet idéal panafricain, a buté contre des divergences idéologico-politiques dont sont maintenant coutumiers les Etas africains.

Paragraphe 2 : Les divergences idéologico-politiques et les questions de leadership entre Etats africains.

L'UA dès sa création a été gangréné par un certain nombre de problèmes qui, déjà avaient fragilisé la « défunte OUA ». Il s'agit des questions de leadership et des divergences idéologico-politiques qui opposent régulièrement les chefs d'Etats africains.

En effet, «à la Conférence de Lomé par exemple, chacun voulait obtenir l'auréole qui s'attache toujours au concept d'Union continentale dans l'esprit africain»[25]. Or la compétition pour une

---

[25] Yves Ekoué AMAIZO<<De l'OUA à l'Union Africaine : les chemins de l'interdépendance>> op. Cit. P.

sorte de leadership moral, entre la notion de «renaissance africaine» du président Mbéki et celle des «Etats-Unis d'Afrique» du président Kadhafi, n'a pas précisément fait avancer la cause de l'Union, mais bien celle de l'interdépendance d'une Afrique plurielle. Du fait d'une vision trop nébuleuse de cette union, l'OUA en juillet 2000, s'était repartie en trois grands groupes d'Etats.

- Celui des pays absents du sommet de Lomé pour des raisons diverses, et qui ne se sont pas joints à la cérémonie de signature de l'Acte constitutif de l'UA. Il s'agit entre autres de l'Angola, des Comores, de la république démocratique du Congo, de la Cote d'Ivoire, du Maroc, de la Namibie et de la Somalie.
- Celui des pays effectivement présents au sommet, mais qui ont refusé de signer le document final le 12 Juillet 2000. N'ayant pas d'obligations, ni de liens particuliers et certainement pas de dépendance financière vis-à-vis de celui qui avait relancé l'idée d'une Union Africaine totale et immédiate, ces Etats ont voulu témoigner, officiellement et dans la circonstance, de leur désapprobation de ce projet qu'ils estimaient précipité. Il s'agit entre autres de l'Afrique du Sud, de l'Egypte, de l'Erythrée, du Kenya, du Mozambique, du

---

98

Nigéria, de l'Ouganda, de la Mauritanie, du Rwanda, de la Zambie et du Zimbabwe.

- Celui des pays ayant adhéré au principe de l'Union Africaine, mais qui ont aussi estimé nécessaire de recentrer l'approche libyenne en y incluant des propositions venant de l'Afrique au sud du Sahara.

C'est cette situation de déficit consensuelle entre Etats africains qui explique le changement terminologique par rapport au premier projet de syrte, faisant passer des «Etats-Unis d'Afrique» à l' «Union Africaine».

Avec le lancement de l'UA, qui se substitue à l'OUA, une véritable guerre d'appropriation de celle-ci est apparue à Lomé et continue de se manifester au cours des sommets des chefs d'Etat et gouvernement.

En effet, très vite étaient apparues des dissensions, vestiges des vieilles luttes intestines entre ceux qui caressaient l'espoir d'une direction africaine de type fédéral à l'américaine et ceux qui, estimaient que l'interdépendance et l'intégration par étapes devraient prévaloir, et proposaient une forme confédérale et très souple d'Union.

De toute évidence, comme le rappelle Yves Ekoué Amaizo,

«Le guide libyen ne semble pas avoir imaginé un instant que la direction des Etats-Unis d'Afrique ne lui revienne de droit, il avait même été question de placer en Libye la capitale des Etats-Unis d'Afrique Cependant, la perspective d'un continent entier, risquant de ne devenir à terme qu'un seul Etat doté d'un président non élu, flanqué de 53 gouverneurs de province, fit peur. Une union totale ne pouvait que mécontenter de nombreux africains, d'autant que certains d'entre eux avaient un sentiment de recolonisation virtuelle et larvée de l'Afrique du Nord sur l'Afrique subsaharienne». C'est ainsi que, pour dissiper de telles craintes, les chefs d'Etat réunis à Lomé ont fait en sorte de dire « non » au projet des Etats-Unis d'Afrique lancé à Syrte, mais tout en dégageant aussi un consensus sur un autre « non » beaucoup plus discret, à une Union Africaine selon les vues exclusives du colonel Kadhafi.

Quatre éléments, ont ensuite justifié le refus par certains chefs d'Etats africains de signer l'Acte constitutif de l'Union.

- Trop de précipitation dans le lancement du projet de Syrte, doublée d'une certaine crainte de voir l'Afrique contrôlée par la Libye.
- Un appui financier libyen se révélant ne pas être sans contrepartie.
- Le sang des immigrés africains de Libye versé fin septembre 2000 à la suite des accès de violence d'une part minoritaire

de la population libyenne.

- Enfin, une certaine indifférence doublée d'une certaine minimisation de ces derniers faits par les officiels libyens concernés.

Du reste, le bilan que l'on peut tirer du XXVIème sommet de l'OUA de Lomé de Juillet 2000, est que les questions de fond ont été évincées au profit d'une lutte entre chefs d'Etat sur l'appropriation africaine du concept de l'Union. Aussi, au cours des discussions préparatoires sur le projet d'acte constitutif pour l'union souhaitée, il s'est manifesté une volonté politique commune des pays africains subsahariens de ne pas voir leur souveraineté collective, présente comme future, être remise en cause par des propositions venant de la Libye. Cette volonté était d'autant plus forte que certains pays, conscients de leur situation dite de «pauvreté», se sentaient justement très vulnérables sur le plan de la souveraineté. Ils souhaitaient ainsi faire entendre leur différence en se démarquant nettement du projet antérieur et non sollicité par eux, des Etats-Unis d'Afrique.

Ainsi , face à tous ces désaccords et cette absence de volonté politique, le nouveau projet d'Union Africaine, ne pourra que difficilement servir de fondement et de base institutionnelle à l'ultime aspiration des peuples africains, a savoir, l'édification d'un espace politique unifié sous la forme des Etats-Unis d'Afrique .

Section 2 : Réalités en l'Union Africain

En succédant à l'organisation de l'unité africaine(OUA), l'UA se donne pour mission de renouveler et de consolider le projet d'intégration politique et économique à l'échelle continentale, dont les bases avaient été jetées en 1963. A cet effet, l'Acte constitutif de cette nouvelle organisation dont les contours avaient été tracés dans la Déclaration de Syrte du 9 Septembre 1999, a fixé les objectifs et instauré un cadre institutionnel allant bien au-delà de l'approche diplomatique finalement privilégiée par l'OUA. C'est sous l'angle organique que les changements sont les plus notables, avec notamment une Commission et un Parlement appelés à relayer et à impulser la dynamique unitaire.

A travers ce dernier aspect, la création du Conseil de Paix et de Sécurité, traduit la volonté de rompre avec la fatalité des guerres et de se doter d'instruments aptes à relever les défis de la paix et à promouvoir une politique de défense commune.

Cependant, la rupture tant annoncée avec les égarements de l'OUA se heurte une nouvelle fois aux réalités d'une Afrique toujours repliée sur le dogme de la souveraineté étatique et confronté à des difficultés, notamment financières, qui risquent de renvoyer à un avenir plus lointain et incertain le vaste chantier des politiques communes de construction des États-Unis d'Afrique . Ainsi, la mise en place de l'UA représente à bien des égards une problématique assez complexe tant l'acte constitutif sur lequel elle repose est ambigu et imprécis.

Paragraphe 1 : Réalité

Le 9 Juillet 2002 à Durban, en Afrique du Sud, la 38ème Conférence des chefs d'Etat et de Gouvernement de l'OUA proclame la naissance officielle de l'Union Africaine. Au- delà de la symbolique d'une telle décision, décision inaugurant une période intérimaire d'un an au cours de laquelle les principaux acteurs de la nouvelle institution seront mis en place, les dirigeants africains prenaient définitivement acte de leur volonté d'ouvrir une nouvelle page de l'intégration de leur continent. Pareil tournant consacrait certes plusieurs années de préparation et de négociation des textes fondateurs de l'UA, mais il marquait dans le même temps le souci de clore définitivement les débats parfois controversés et toujours passionnés sur le calendrier et les modalités de passage de l'OUA à l'UA.

En effet, pendant près de trois années, entre la réunion de Syrte ou était pris l'engagement solennel de créer l'UA, et la réunion de Durban de 2002 en passant par les sommets de Lomé(2000) et de Lusaka(2001), bien des divergences avaient été surmontées sur les structures de l'Union et, en particulier sur la nature des rapports entre ses organes interétatiques classiques et la future Commission. En arrière plan de ces problèmes d'organisation et d'ordonnancement institutionnels, sans pour autant que cela affecte l'affirmation de la souveraineté des Etats-membres, se profilait surtout le souci de ne pas réduire l'Union Africaine à un simple changement de dénomination de l'OUA. C'est autour de ce postulat qu'ont surgi les interrogations sur les ambitions de l'UA, sur les rapports entre cette dernière et les Etats membres, sur son architecture institutionnelle, sur le calendrier de mise en place des organes prévus par l'Acte constitutif, ainsi que sur le contenu des politiques communes, notamment en matière d'intégration économique, politique et de défense.

C'est pour prévenir les critiques éventuelles sur les fondements de la nouvelle organisation et surtout répondre aux appréhensions de nombreux Etats sur les finalités réelles de l'Union et la préservation de leurs attributs de souveraineté, que le Secrétaire général de l'OUA, Amara Essy, a initié une large concertation impliquant des acteurs venant des horizons les plus divers. Car, comme le soulignait Albert Bourgi

«Le projet de l'UA a beau figurer à l'ordre du jour du 36ème sommet de l'OUA, qui doit se tenir à Lomé du 10 au 12 Juillet 2000 et avoir de grandes chances d'être entériné par les chefs d'Etat, plus par pur réflexe légaliste que par conviction, sa mise en oeuvre n'en soulève pas moins des interrogations»[26].

Jamais dans l'histoire de l'OUA, une aussi large consultation n'avait été organisée. Outre les représentants des Etats-membres à tous les niveaux, elle associa pendant des mois des membres de la société civile africaine, des experts tant nationaux qu'internationaux et bénéficia du concours des Nations-Unies. L'originalité de cette procédure de consultation a été illustrée par l'avis que le Secrétaire général de l'OUA a donné à un groupe consultatif d'éminentes personnalités sur la transition de l'OUA à l'UA. Présidée par un ancien chef d'Etat, le Général nigérian Yakubu Gowon, cette instance avait un mandat élargi, recouvrant aussi bien les questions institutionnelles que les objectifs assignés à l'Union ou encore l'intégration de certaines initiatives dans les programmes de l'Union Africaine.

L'attention ainsi portée au processus de mise en place de l'UA fut d'autant plus rigoureuse que l'Acte constitutif n'était pas d'un grand secours en la matière. En effet, le schéma institutionnel discuté et arrêté à Tripoli peut paraître séduisant. Mieux encore, et c'est sous cet aspect que le leader libyen a su emporter l'adhésion de ses pairs,

---

[26] Voir jeune Afrique l'intelligent, n°2060 du 4 au 10 juillet 2000. P.21

il s'inscrit pleinement dans la mystique de l'unité africaine qui habite tous les africains. Mais entre le rêve d'unité qui sous-tend confusément les débats, même les plus houleux à l'OUA depuis plus de trois décennies, et la réalité sous la forme institutionnelle bannissant les frontières nationales, il subsiste encore et toujours des obstacles.

Dès-lors, dixit Albert Bourgi « On voit mal comment des constructions supranationales aussi prudentes soient-elles, peuvent se substituer à des organisations de coopération fortement ancrées dans la logique des pouvoirs nationaux »[27]. Certes, il faut un début à tout, et les peuples africains ont besoin de rêves, de desseins à long terme du type de celui de l'UA qui ambitionne à plus longue échéance la construction des Etats-Unis d'Afrique.

Le projet d'Union Africaine, du moins dans sa version consensuelle et minimale telle qu'elle existe aujourd'hui, parait être d'autant plus accessible qu'il ne comporte que peu d'engagements précis. Il se présente au mieux, comme un cadre organique aux futures relations interafricaines, coiffée par une Conférence de l'Union ressemblant à s'y méprendre à la conférence des chefs d'Etats et gouvernement de la « défunte OUA », au pire comme une « coquille vide » ayant

---

[27] Albert Bourgi, <<l'Union africaine, un rêve difficile à réaliser>> un jeune Afrique, n°2070 du 11 au 17 juillet 2003

vocation à se remplir au fil des années et avancer sur le chemin de l'intégration politique.

Paragraphe 2 : Les ambiguïtés et imprécisions sur la forme politique de l'Union : Fédération ou simple cadre de coopération interafricaine ?

L'UA est une organisation dont les contours et la forme politique sont encore mal définis. La précipitation avec laquelle cette organisation a été créée en est certainement une des causes principales. Les divergences entre minimalistes et maximalistes ont eu raison du projet d'unité politique dont été porteur le colonel Kadhafi et plus connue sous le vocable des Etats-Unis d'Afrique. C'est ainsi que l'on a assisté à la mise en marche d'une organisation «ambiguë et imprécise», dont l'Acte constitutif traduit de fort pertinente manière cette situation.

Libellé en termes très généraux, celui-ci se contente d'énumérer dans trente trois articles, les objectifs de l'Union (article3) et les principes (article4) sur lesquels devra fonctionner l'organisation. C'est ce même type d'énoncé très bref, que recouvrent les dispositions qui traitent des pouvoirs et attributions des principaux organes de l'Union. Cette rédaction plutôt sobre reflète, l'accord minimal sur lequel se sont finalement entendus les Etats membres, et qui permettait de dissiper les craintes exprimées lors de l'élaboration de l'Acte constitutif de cette Union, sur la nature de celle-ci et sur son éventuel caractère supranational. Sur ce dernier point, l'Acte constitutif ne laisse planer aucun doute sur le fondement interétatique de l'organisation. En effet, on n'y trouve nulle part de dispositions préfigurant les «Etats-Unis d'Afrique» chers au colonel Kadhafi. Les rédacteurs ont ainsi voulu semble t-il tirer toutes les leçons de l'ambiguïté de certains articles de la charte de l'OUA de 1963, source de multiples spéculations et de surenchères qui, au fil des ans avaient entamé la crédibilité de l'institution.

De toute évidence, les Etats africains ont pris le pari de laisser au temps et à la pratique le soin de déterminer, voire d'étendre le champ de compétence de l'Union et partant, de fixer au vu des résultats, les différentes étapes à venir de l'intégration continentale. Et cela pour plusieurs raisons :

D'abord au nombre des objectifs de l'Union, il est inscrit la défense de « la souveraineté, l'intégrité et l'interdépendance de ses Etats membres ». La souveraineté est l'apanage des seuls Etats comme le définit le droit international. La souveraineté des membres de l'Union est rappelée par l'article4, alinéa (a), qui institue une « une égalité souveraine... de tous les Etats membres de l'Union ». Ce constat du caractère non fédéral de l'Union est conforté par les termes mêmes de l'Acte constitutif où il n'est question que des Etats membres. L'intégrité territoriale et l'interdépendance qui doivent être défendues impliquent aussi qu'il s'agit des structures étatiques africaines telles qu'elles existent au moment de la naissance de cette Union Africaine. Les membres de celle-ci sont donc les Etats africains actuels. L'article4, alinéa (b) ajoute un autre élément qui est la frontière. Il inscrit au nombre des principes « le respect des frontières existant au moment de l'accession à l'indépendance » ; or, les limites entre Etats dans une structure fédérale ne constituent pas des frontières au sens du droit international. En conséquence cette disposition ne vient que renforcer l'analyse selon laquelle l'UA est une organisation internationale dans laquelle les Etats sont représentés par leurs chefs d'Etat ou de Gouvernement, conformément à l'article6, alinéa 1 : « La conférence est composée des Chefs d'Etats et de gouvernement ».

Ensuite, des documents antérieurs à l'Acte constitutif offrent divers éléments allant dans le même sens, confirmant que l'Union Africaine est une organisation internationale à l'instar de l'OUA.

Le premier de ces éléments est la déclaration de Syrte qui indique que les Chefs d'Etat et de Gouvernement ont délibéré sur les voies et moyens pour renforcer l' «organisation continentale»[28] et non

---

[28] Déclaration de Syrte, 4e session extraordinaire de conférence des chefs d'États et de gouvernement

pour créer les Etats-Unis d'Afrique. L'objectif est donc de renforcer l'OUA en lui donnant les moyens d'être plus efficace dans un environnement ou la nécessité de positions communes se faisait plus que jamais pressante. Les Chefs d'Etat et de Gouvernement y rappellent qu'ils ont juste été inspirés par les propositions soumises par le Colonel Kadhafi. Or, ces propositions étaient claires quant à l'objectif fédératif.

Ainsi, comme l'a rapporté l'hebdomadaire Jeune Afrique, « la Libye voulait, à travers le projet de déclaration finale qu'elle a soumis, amener les Etats africains à s'unir dans le cadre d'une fédération, un Etat unique et seul détenteur de la souveraineté, et donc unique représentant de l'Afrique sur la scène internationale au lieu des cinquante trois voix dont l'harmonie reste difficile et rare »[29]. Ce projet libyen, se caractérisait par l'institution d'un gouvernement unique avec un pouvoir réel de décision et de gestion des affaires de la fédération, et d'autres organes comme la Banque Africaine de Développement et le Fonds Monétaire Africain dont les pouvoirs sont aussi plus conformes à la pratique dans les fédérations d'Etats. C'est ce projet, qui a été écarté pour une structure ou les Etats restent ce qu'ils sont, c'est-à-dire les seuls sujets du droit

---

de l'OUA, 8-9 septembre, 1999.

[29] S. GHARDI<< les Etats Unis d'Afrique : faut il y croire>> dans jeune Afrique, n°2019 du 21-27 septembre 1999, p. 14-18

international, avec une souveraineté qu'ils ne veulent point céder, ce qui aurait été le cas dans le cadre d'une fédération des Etats-Unis d'Afrique. Alors même que cette souveraineté reste théorique pour la plupart de ces Etats, étant donné les difficultés auxquelles ils sont confrontés dans le « village planétaire »[30].

---

30 Expression civilisée par Paul Valéry pour désigner le monde globalisé

CHAPITRE III LA STRATEGIE DES ETATS-UNIS D'AFRIQUE

SECTION 1 : La nécessaire reforme des structures et organes clés de l'Union Africaine

L'UA telle qu'elle se présente aujourd'hui constitue un obstacle certain à l'édification des Etats-Unis d'Afrique. La configuration ambiguë et parfois imprécise des dispositions de son Acte Constitutif en constitue la parfaite illustration.

Pour ce faire, de profondes réformes devraient être engagées afin de permettre à l'UA de baliser la voie vers les Etats-Unis d'Afrique. A cet effet, il conviendra d'apporter des transformations aussi bien au plan politique et militaire, qu'au plan social et économique. S'agissant du domaine politique et militaire, les réformes à ce niveau consisteront tout d'abord, à dépoussiérer l'Acte constitutif afin de le rendre compatible avec les objectifs d'unité politique du continent. Ensuite, il s'agira de mettre en oeuvre les mécanismes appropriés qui permettront à l'Afrique d'arriver à bout du fléau des conflits qui entrave considérablement toutes les ambitions de développement solidaire et intégré des Etats africains . En ce qui concerne les domaines économique et social, les réformes préconisées, s'articulent essentiellement autour de la redynamisation du projet « NEPAD » et de la mise en fonctionnement effectif des institutions financières africaines prévues dans le cadre du Traité instituant la Communauté économique Africaine et reprises par l'UA.

Paragraphe 1 : les nécessaires réformes au plan politique et militaire

Reformer l'UA revient à faire de celle-ci, une institution crédible à même de mener le continent vers l'unité politique. A cette fin, et eu égard aux difficultés que rencontre l'UA dans la réalisation de ces nobles objectifs, il conviendra de la moderniser en vue de l'adapter aux exigences panafricaines.

Au plan politique, c'est l'Acte constitutif qui doit être foncièrement dépoussiérer. Celui-ci recèle en effet, de nombreuses dispositions qui font que l'UA s'apparente beaucoup plus à une organisation de coopération qu'à une organisation d'intégration régionale évoluant vers les Etats-Unis d'Afrique.

C'est ainsi que, l'Acte ne définit pas clairement les pouvoirs et fonctions des divers organes, ni leurs liens opérationnels dans le processus d'intégration. Les organes déjà mis en place sont la Conférence de l `Union, le Conseil Exécutif composé des ministres des Affaires Etrangères, la Commission dont le siège est à Addis Abéba, le Comité des Représentants Permanents composé des ambassadeurs accrédités auprès de la République Fédérale d'Ethiopie, le Parlement Panafricain en Afrique du Sud, et le Conseil Economique Social et Culturel, dont le siège reste à déterminer. Il y a lieu de souligner toutefois que, le parlement a été mis en place sur la base du Traité d'Abuja, et qu'il ne joue pas encore sa pleine fonction législative, aux fins d'assurer la pleine participation des peuples africains au développement et au processus d'intégration du continent.

D'autres organes de l'Union sont les comités techniques spécialisés composés des ministres chargés des différents secteurs économiques. Il y a également la Cour Africaine de Justice, des droits de l'Homme et des Peuples dont le fonctionnement n'est pas encore effectif.

La Conférence de l'Union qui est l'organe suprême de l'UA, prend la plupart des décisions, mais ses réunions portent essentiellement sur des questions d'actualité, généralement les crises politiques et les conflits. Elle devrait plutôt se consacrer davantage aux questions directement liées au processus d'intégration à l'échelle continentale.

Il en est de même du Conseil Exécutif et du Comité des Représentants Permanents. En effet, s'agissant de cette dernière, qui peut être considérée comme la seule véritable nouveauté de l'UA, sept grandes spécialités y sont distinguées. Toutefois, ces regroupements ne semblent pas prendre en compte la donne récente de la mondialisation et de la nouvelle économie. Les technologies de l'information et de la communication, la formation adaptée, la valorisation des brevets et la promotion de la propriété intellectuelle sont autant de secteurs qui doivent faire l'objet d'une attention particulière de la part de l'UA.

Les articles 15 et 16 de l'Acte Constitutif de l'UA qui traitent des attributions et de l'organisation des comités techniques spécialisés auraient pu être intégrés dans l'article 14. Plutôt que de se formaliser sur les détails de procédure, il aurait aussi été intéressant de fixer des objectifs réalisables avec des sources budgétaires fiables et de proposer une date buttoir pour faciliter les évaluations, ainsi que, une éventuelle sanction par la société civile.

Au contraire, tout ce qui pourrait permettre d'inscrire un tel mécanisme de contrôle par la société civile se trouve écarté du texte. Il n'y a donc pas de possibilité d'évaluation, ni de sanction des urnes quelle que soit la résultante des actions initiées dans le cadre de ces comités techniques, ni plus globalement au niveau des autres entités proposées dans l'Acte.

La Commission quant à elle, a été définie dans l'Acte Constitutif comme un Secrétariat, alors que dans la pratique, les Etats membres, les pays et les organisations non africains, tout comme les organisations internationales, la perçoivent comme l'organe principal d'élaboration et de mise en oeuvre des politiques de l'UA. En effet, c'est essentiellement sur elle, ou plutôt sur son dynamisme que repose la mise en oeuvre efficace du processus d'intégration devant culminer avec la concrétisation du projet de création des Etats-Unis d'Afrique. Toutefois, bien que conçu comme un Secrétariat dans l'Acte constitutif, les statuts de la Commission lui confèrent un pouvoir exécutif dans certains domaines. Mais, la Commission n'a malheureusement pas les ressources humaines et financières adéquates pour exercer ce pouvoir et mener à bien toutes ces activités. Pour ce faire, il faut que les Etats honorent régulièrement leurs cotisations auprès de l'UA afin que celle-ci puisse conduire harmonieusement les réformes qui permettront de faire de l'unité politique du continent une réalité tangible. En outre, les domaines d'activités de la Commission qui correspondent à des départements, sont vastes et manquent de précision. Ils couvrent la paix et la sécurité, les affaires politiques, les affaires sociales, l'Agriculture et l'Economie rurale, les Ressources humaines, le Commerce et l'Industrie et les Infrastructures. A cela, s'ajoute le cadre actuel de gestion, en particulier le fait que les responsables des départements soient directement élus à leurs fonctions. Ce qui ne favorise pas le travail d'équipe, pourtant essentiel pour la conduite harmonieuse du processus d'intégration.

Sous ces éclairages, il apparaît que la reforme de l'Acte constitutif notamment, en ce qui concerne les attributions et les compétences des organes politiques de l'Union est plus que nécessaire dans l'optique de placer le processus d'intégration politique du continent dans une dynamique positive.

Au plan militaire, il s'agira de donner à l'organe principale en charge de cette question, en l'occurrence le Conseil de Paix et de Sécurité, les moyens d'oeuvrer à la pacification du continent, car comme le disait Alpha Oumar Konaré, « que la paix soit le socle du développement n'est plus un secret pour personne ». En effet, le conditionnement réciproque, entre le développement d'institutions et d'une culture démocratique fortes, le respect des droits de l'Homme et de l'Etat de droit, et la promotion de la sécurité collective, d'une paix et d'une stabilité durables n'est plus à démontrer. Ce lien dialectique doit constituer une motivation supplémentaire pour l'UA à faire face au fléau des conflits, en jouant un rôle de premier plan dans la restauration de la paix, de la sécurité et de la stabilité.

A cet effet, Le protocole portant création du Conseil de Paix et de Sécurité énonce la nécessité pour l'Afrique de mettre en oeuvre un système fiable, non seulement pour les préventions et les interventions, mais aussi pour la défense du continent africain.

L'entrée en vigueur du protocole relatif à la création du Conseil de Paix et de Sécurité depuis 2003, commande donc l'accélération du processus de mise en place d'une politique de défense commune. A ce propos, l'UA doit se doter d'une force africaine en attente, qui puisse être opérationnelle et capable d'une réponse rapide aux crises éventuelles. Seulement, cette politique de défense commune tant souhaitée est en proie à de nombreuses difficultés pour sa mise en place, du fait notamment de divergences politiques et de problèmes financiers. En effet, même si, l'adoption par la troisième réunion des chefs d'états major d'Afrique, tenue à Addis Abéba les 15-16 Mai 2003, d'un document-cadre sur la réalisation des objectifs de l'Union en matière de défense commune a ravivé les espoirs, rien de définitif ne s'est toujours dégagé des travaux des organes de décision.

L'examen par le Conseil Exécutif du «projet-cadre de politique commune de défense et de sécurité»[31], lors de sa troisième session extraordinaire tenue du 21 au 25 Mai 2003 à Sun City (Afrique du Sud), et les discussions plutôt passionnées sur la question au sommet de Maputo, ont plutôt fait ressortir des divergences entre les pays membres. Celles-ci se cristallisent aussi bien sur le principe même de la constitution d'une force permanente que sur les cas ou

---

[31] www.africa-union.org

son intervention pourrait être décidée, ou encore sur les moyens de financer de telles opérations.

S'il est vrai que la réunion des ministres de la Défense prévue pour Novembre 2007 devrait de toute évidence apporter des éléments de réponse à propos des statuts et modes d'intervention de la force africaine, le problème reste en revanche entier en ce qui concerne le budget des opérations de paix. Or, c'est en grande partie, faute de moyens financiers que l'OUA s'était contentée d'intervenir « à minima », sous la forme de missions d'observations temporaires (composées de quelques dizaines de civils et de militaires) financées presqu'exclusivement par l'aide extérieure.

A ce propos, les contraintes auxquels a été confrontée l'UA dans la gestion du conflit au Darfour illustrent de fort belle manière la difficulté avec laquelle l'organisation fait face aux crises et conflits qui sévissent sur le continent. Ils révèlent en même temps, l'impérieuse nécessité d'engager des transformations au niveau du dispositif militaire de l'UA afin de la rendre plus efficace. C'est ainsi, qu'à l'occasion du 7ème anniversaire de l'UA célébré à Syrte le 12 septembre 2006, le président de la Commission Alpha Oumar Konaré a justifié l'incapacité des forces de l'UA à intervenir durablement au Darfour, par l'absence des moyens financiers dus au fait que les Etats membres ne s'acquittent pas régulièrement de leurs cotisations. Il a, par la même occasion rappelé que, «75°/° des moyens financiers utilisés pour le maintien de la paix au Darfour proviennent des soutiens occidentaux».

Ces handicaps renvoient inexorablement aux difficultés financières et structurelles de l'UA. Celle-ci est toujours confrontée aux importants arriérés de contributions et aux réticences des partenaires extérieurs à soutenir certaines initiatives de paix. A titre indicatif, à la date du 3 Juillet 2003, le montant des arriérés de contributions s'élevait à plus de 39 millions de dollars[32], soit l'équivalent du budget annuel de l'Organisation.

A coté des questions politiques et militaires où des réformes doivent être nécessairement opérées, la donne économique et sociale devrait également faire l'objet de transformations pour permettre à l'UA de relever le défi de la construction des Etats-Unis d'Afrique. Car, l'union politique n'a de matérialité que si elle est fondée sur une union économique.

Paragraphe 2 : Les nécessités réformes au plan social et économique

La crise socio-économique dans laquelle stagne le continent, est révélatrice des difficultés des Etats africains et de l'UA de venir à

---

32 www.africa-union.org, <<Rapport du sous comité des contributions>>, présenté devant le comité exécutif à sa troisième session ordinaire, en juillet 2003 à Maputo

bout de cette dramatique situation, dont la persistance constitue un obstacle majeur à tout projet d'unité politique du continent. Face à cet impératif de redressement économique et social du continent, les Chefs d'Etat et de Gouvernement d'Afrique ont adopté lors du sommet de Lusaka en 2001, la Nouvelle Initiative Africaine (NIA), qui était une fusion entre le Programme de Redressement de l'Afrique (MAP) initié par le président Thabo Mbéki de l'Afrique du Sud, et le Plan Oméga du président Abdoulaye Wade du Sénégal. La NIA est ensuite devenue le Nouveau Partenariat Pour le Développement de l'Afrique (NEPAD), avec le soutien des partenaires au développement, notamment ceux du Groupe des pays les plus industrialisés (G7).

Le but premier du NEPAD était de mettre les pays africains, collectivement sur la voie de la croissance et du développement durable afin qu'ils deviennent des acteurs majeurs de l'économie mondiale et des affaires monétaires et politiques de la planète.

Ainsi, avec le lancement quasi simultané de l'UA et du NEPAD, les Chefs d'Etat africains ont voulu s'assurer que la seconde serve d'outil facilitant la mise en oeuvre de la première.

Le Plan d'Action du NEPAD, couvre les six axes prioritaires suivants : la Bonne Gouvernance politique et économique, l'Agriculture et l'accès aux marchés, le développement des Ressources Humaines, les Infrastructures, l'Environnement et la mobilisation des ressources.

Seulement voilà. Depuis son adoption, le NEPAD peine à mettre en pratique son programme. Ici encore, l'absence de moyens financiers fait de celui-ci un catalogue de bonnes intentions sans possibilité d'application effective et efficiente. A ce propos, le 21 Mars 2007, à l'occasion de la journée internationale du NEPAD célébrée en Algérie, le président Abdel Aziz Bouteflika a mentionné au nombre des facteurs qui retardent la mise en oeuvre du NEPAD, la non tenue par les partenaires économiques et les bailleurs de fonds de leurs promesses d'aide financière. Face à cette situation, il est impérieux de mettre en oeuvre les stratégies et mécanismes qui permettront à l'Afrique d'auto financer ses programmes de développement, au lieu de tout attendre de l'extérieur. Pour ce faire, la mise en place des institutions financières africaines, à savoir la Banque Centrale Africaine, le Fonds Monétaire Africain et la Banque Africaine d'Investissement conformément aux dispositions de l'article 19 de l'Acte constitutif de l'UA devrait être accélérée afin que le développement du continent puisse s'opérer de manière « endogène ».

Aujourd'hui, de l'avis de nombreux observateurs l'avenir du NEPAD n'est pas des plus prometteurs. Il est vrai que depuis sa création, très peu de réalisations sont à mettre à son actif. Pire, on assiste à un essoufflement de cette structure du fait de la démission flagrante et manifeste des leaders politiques africains qui en avaient fait la promotion. Le refus du président Sénégalais Abdoulaye Wade d'assister au dernier sommet du NEPAD en Mars dernier à Alger(Algérie), tout comme le retrait du nigérian Olesegun Obassanjo de la scène politique africaine depuis son départ de la tête de son pays, sont autant de signes qui augurent d'une extinction future du projet NEPAD.

Pourtant, il n'est plus un secret pour personne que le NEPAD est une réponse originale et pertinente des Africains à leur marginalisation, et à une stagnation économique et sociale aux allures inquiétantes, qui compromet par ricochet, toutes les ambitions d'unification politique du continent.

La redynamisation de ce projet est à l'heure actuelle la voie la plus pertinente pour une solution africaine aux problèmes économiques qui fragilisent considérablement le tissu sociopolitique du continent. En effet, le NEPAD concerne l'ensemble du continent et répond au cadre de l'UA. Il peut ainsi permettre de jouer sur les complémentarités entre les pays disposant de capacités financières et technologiques (Afrique du Nord et du Sud) et l'Afrique intermédiaire. Il peut aussi, permettre aux grandes puissances africaines de jouer un rôle de pôle de développement régional. Pour les pays industrialisés réunis au sein du G7, il constitue un cadre de référence dépassant les anciens clivages issus de la colonisation.

De toute évidence, le NEPAD est une initiative politique endogène qui doit être prise au sérieux par les Africains, car visant à promouvoir un développement autocentré de l'Afrique et à offrir une vision opérationnelle englobant les activités sociales, politiques et économiques. Pour ce faire, le NEPAD doit collaborer avec l'UA. En effet, c'est un programme qui vise à favoriser la réalisation des objectifs de l'UA à savoir, l'intégration économique et politique du continent. Cette collaboration est d'autant plus nécessaire que, l'une des causes de l'échec relatif du projet NEPAD tenait au fait qu'il a été perçu et a fonctionné comme une organisation autre que l'UA, avec ses propres structures (Le comité de mise en oeuvre des chefs d'Etat et de Gouvernement, le comité directeur, et le Secrétariat). La déclaration de la Conférence des Chefs d'Etat et de Gouvernement de Maputo en 2003, a réaffirmé que le NEPAD est un programme de l'UA, et qu'il doit par conséquent être intégré dans les structures et les procédures de celle-ci.

Ce ne sera qu'à ce prix et, bien sûr avec le soutien des populations africaines, que l'UA pourra bâtir sur le continent un espace politique unifié, prospère et paisible, traduisant ainsi le destin unitaire des

Etats africains.

SECTION 2 : L'exigence d'une plus grande implication de l'acteur social

Le projet d'unification politique du continent sous la forme des Etats-Unis d'Afrique dont la réalisation incombe à l'UA, ne pourra être effectif qui s'il emporte l'adhésion de l'ensemble des acteurs sociaux africains. La création du Parlement panafricain, s'inscrit dans cette volonté de faire entendre la voix des africains au sujet du projet panafricain dont est porteur l'UA.

Pour ce faire, il est d'une impérieuse nécessité que les acteurs de la société civile s'impliquent activement dans le processus d'intégration à l'échelle continentale. Egalement, les médias en tant que support de diffusion de l'information et des moyens de communication à très large échelle devront être des acteurs principaux de ce processus.

Paragraphe 1 : le rôle capital des acteurs de la société civile africaine

En Afrique comme partout ailleurs, le concept de « société civile » est complexe. Il renvoie à une réalité mouvante et diversifiée. Dans ses manifestations concrètes, la société civile constitue le baromètre du degré de conscience des populations de leurs problèmes, et d'appréciation des formes de mobilisation dont elles sont capables pour prendre en charge la résolution de ceux-ci.

La particularité de la société civile africaine par rapport à celle occidentale, relève de trois ordres : D'abord, il est difficile en Afrique de spécifier les véritables composantes de la société civile, même si beaucoup s'en réclament. Ensuite, le niveau de sous-développement et le retard démocratique du continent fixent à sa société civile des objectifs essentiellement politiques et socio-économiques. Enfin, la société civile africaine est elle-même en phase de maturation, d'où son déficit organisationnel et structurel. Cependant, par la lucidité dont elle fait preuve dans la définition de ses projets et actions, elle est un acteur privilégié de développement. N'est-il pas permis de dire que sans paix sociale et stabilité, le développement, et à fortiori la mise en place d'un espace politique intégré en Afrique est compromise ? Dès lors, la société civile participe par son action au processus d'intégration politique et économique du continent, dont le succès dépend de nombreux facteurs au nombre desquels on peut citer la Paix et la Démocratie. La complexité des problèmes sociaux, requiert une approche à la fois globale et différenciée des défis que doit relever la société civile africaine. Elle implique le combat pour l'éducation, le civisme, la laïcité, la bonne gouvernance, la promotion de l'intégration africaine etc. Ce combat doit aboutir à une culture de démocratie et de paix, socle sur lequel pourra alors, être édifié les Etats-Unis d'Afrique.

Au plan politique et social, la société civile africaine lutte pour aider à l'affirmation d'une démocratie véritable et à l'émergence d'une nouvelle citoyenneté panafricaine. Car, comme le disait le président sud africain Thabo Mbéki, « pour être un véritable africain, il faut être un rebelle, il faut se battre pour la cause de la renaissance africaine »[33].

Une compétition politique régulière, une très large participation politique et la garantie des libertés civiles sont les conditions essentielles à la démocratie. C'est pourquoi, la réforme électorale est un des canaux par lesquels la société civile peut accroitre son influence. L'intérêt, suscité par le débat sur l'Observatoire nationale des élections(ONEL) et la Commission électorale nationale autonome(CENA) au Sénégal, montre par exemple qu'un type nouveau de citoyen émerge dans ce pays. Il s'agit au-delà d'un besoin de transparence, d'une volonté d'appropriation du processus de désignation des représentants auxquels on délègue les pouvoirs. La question de la légitimité devient donc centrale en Afrique, pour la stabilité des régimes politiques. Ceux dépourvus de légitimité se caractérisent par des crises politiques et socio économiques à

---

[33] Thabo MBEKI, <<Éloge de la rébellion>>, discours prononcé en Août 1998 à Midrand en Afrique du Sud, alors qu'il était vice président de l'Afrique du Sud. Dans jeune Afrique, n°1970, 13-19 octobre 1998, p. 26-27

répétition. Ainsi, pour lutter contre le sous-développement, la nécessité de moderniser la société doit être une priorité. Seule, une société civile forte peut parer à d'éventuels dérapages.

La société civile aspire à la paix civile et à la sécurité. Donc, elle tient au respect des règles communes qui permettent de faire l'économie des conflits et le long terme nécessaire à la réalisation des projets du continent, notamment son unification politique. Ainsi, dans le champ politique, la société civile doit amener les acteurs politiques à être fidèles à la démocratie en rejettent l'usage et la rhétorique de la violence.

Cette nécessité est non seulement liée à la promotion des valeurs démocratiques, mais aussi à leur enracinement dans les traditions historiques et culturelles. En effet, «La culture politique traditionnelle africaine contrebalançait les valeurs autoritaires par une tendance naturelle au débat ainsi que par la limitation constitutionnelle de l'autorité monarchique»[34].

Une vie associative riche peut contribuer à accroitre qualitativement le rôle des partis en stimulant la participation politique et en renforçant l'attachement au système démocratique. Des associations bénévoles s'investissent dans la défense de la liberté

---

[34] Penda MBOW<<la société civile Sénégalaise : identification et rôle dans le processus démocratique>>, dans Revue Sénégalaise de sociologie, n°7 et 8, 2002-2003, p. 226

de la presse, des activités civiques et des droits de la femme.

Là où la vie associative est dense, institutionnalisée et autonome, elle agit pour faire reculer le pouvoir autoritaire. Ce qui se traduit par des pressions efficaces en faveur de la démocratie. Une société civile et l'autorité de l'Etat sont toutes deux indispensables pour promouvoir la justice sociale en Afrique. Il faut que les citoyens s'investissent dans le contrôle des mécanismes politiques et économiques auxquels ils sont assujettis.

Au plan économique, l'exacerbation des crises a contribué au développement d'un imaginaire économique auprès des Africains. Ceci justifie et explique le triomphe de « l'informel » sur le secteur structuré. Cette vitalité de l'informel témoigne du dynamisme de la société civile dans les agglomérations urbaines en particulier. On peut noter une série d'innovations réellement productives constituant des réponses et des formes d'adaptation des populations à la conjoncture économique difficile.

A un niveau économique plus élevé, on trouve les opérateurs économiques se regroupant autour d'organisations patronales. Ils font face à l'abaissement des barrières douanières et à l'envahissement des marchés africains par des produits étrangers. En l'absence d'espace politique effectivement intégré sur le continent africain, ils essaient par diverses stratégies, de lutter contre les effets pervers de la mondialisation, en diversifiant par exemple les partenaires extérieurs.

En définitive, la construction et l'enracinement de la démocratie en Afrique exigent la création et l'affirmation d'un espace à la société civile. Une démocratie forte signifie un Etat capable de répondre à la demande de ses citoyens, des partis politiques, et d'une société civile puissante et organisée. Le dynamisme des organisations de défense des droits humains, la meilleure structuration des associations paysannes et féminines fondent les espoirs à placer en la société civile africaine quant au développement socio-économique du continent.

Elle doit aussi, être un gage de stabilité dans une Afrique confrontée simultanément à une crise économique très aigue et au défi de l'intégration politique. Dans le même registre, les médias devront servir d'appui à l'oeuvre gigantesque de développement et de réalisation de l'unité politique en Afrique.

Paragraphe 2 : Le rôle des médias dans le processus d'intégration en Afrique

Les médias sont un support de diffusion de l'information et des moyens de communication à très large échelle. Par l'influence qu'ils exercent sur l'opinion publique, les médias peuvent amener l'Etat ou des acteurs sociaux particuliers à reconsidérer leurs rapports avec leurs protagonistes, dans un sens plus conforme aux attentes des citoyens. La médiatisation des causes légitimes permet aux médias indépendants de jouer un rôle de « défenseur de la société ». Porte parole des sans- voix, des victimes et des personnes opprimées, ils offrent une tribune à ces derniers pour alerter l'opinion sur leur sort.

Ce rôle critique des médias s'observe à mesure que grandit le mécontentement populaire. En effet, l'insuffisance des mesures prises en réponse à la demande sociale, représente un terreau favorable à l'émergence d'une presse libre et critique. Les médias africains sont devenus ainsi des acteurs déterminants de la quotidienneté par leurs analyses axées sur les domaines perçus comme vitaux pour les groupes sociaux. Ils créent l'évènement et accompagnent le changement social en Afrique. Relais de la société, ils conditionnent l'évolution des attitudes et comportements des citoyens. Grâce à leur pouvoir d'influence sur les moeurs, les institutions et les lois, les médias peuvent jouer un rôle de conscientisation des masses.

S'agissant de l'intégration africaine, les médias y jouent un rôle capital à plus d'un titre. Car, comme le disait Me Abdoulaye WADE, «la sous-information des peuples africains constitue l'une des principales barrières qui les séparent de l'unité»[35]. Forts de ces constats, l'UA a fait de l'information un des axes prioritaires sur lesquels repose sa stratégie pour la réalisation de l'unité politique continentale. A ce titre, l'UA a initié en 2005 un projet de création d'une Chaine panafricaine de Radio et de Télévision.

Cette chaine, selon SEM Alpha Oumar Konaré, s'attellera

«A redresser la fausse image que le monde se fait de l'Afrique ; c'est-à-dire l'image d'un continent miné par la famine, les conflits, les maladies endémiques telles que le paludisme, les maladies du système immunitaire et bon nombre de crises qui sont évoquées toutes les fois qu'il est question de l'Afrique»[36].

Ainsi, avec cette chaine les Africains seront maitres de leur destinée, et pourront dire non à toutes les crises.

Qu'à cela ne tienne, l'Afrique doit traduire ses rêves en réalités et le moment est venu pour le continent de passer de la parole à l'action et de s'atteler à changer la fausse image qui lui est attribuée. C'est en cela, que le projet de création d'une chaine panafricaine de radio et de télévision est salutaire. En effet, elle est porteuse d'espoir quant au développement et au rayonnement international du continent africain.

---

[35] Abdoulaye WADE, un destin pour l'Afrique, op. Cit. P. 128

[36] www.africa-union.org, communiqué de presse n°02/2005, Caire, Égypte du 21 novembre et portant sur la réunion des experts sur la création de la chaîne panafricaine de radio et télévision

Elle présente de nombreux avantages pour les futures générations africaines, dans la mesure où elle sera la vitrine de l'Afrique de part le monde, et permettra de faire de l'Afrique un marché attrayant pour les investisseurs internationaux. Fort heureusement, ce projet a été entériné lors du Sommet de l'UA à Khartoum en Janvier 2006, et mandat a été donné aux experts en charge du dossier, d'accélérer la mise en place et le fonctionnement effectif de cette Chaine panafricaine de radio et de télévision.

Au plan politique, les médias jouent le rôle d'intermédiaires et d'arbitres en donnant la parole à tous les acteurs du système politique en général, et du jeu partisan en particulier. En démocratisant l'accès aux médias, publics surtout, chaque formation politique pourra exposer son programme et défendre son point de vue devant l'opinion. L'organisation à la radio et la télévision de débats contradictoires sur les sujets politiques de l'heure permet à l'électeur citoyen d'avoir une vision claire sur les choix et les orientations politiques des uns et des autres. En période électorale, les médias assurent la couverture de la campagne de tous les candidats. En dénonçant les fraudes, ils préviennent les contentieux post électoraux, qui sont le plus souvent source de violence et d'instabilité politiques en Afrique. Ainsi, accompagnant le processus électoral en amont et en aval, la presse veille à la régularité du scrutin et se prononce sur l'opportunité d'accepter ou de rejeter les résultats issus du vote.

Enfin, au plan culturel, le caractère multiethnique des sociétés africaines assigne aux médias un combat singulier à mener. Tout d'abord en utilisant toutes les langues parlées dans un pays, ils démocratisent l'accès à l'information. En sensibilisant les masses sur des thèmes majeurs du développement et de l'unité africaine, les médias facilitent la pénétration et l'acceptation des décisions politiques par les populations. En permettant à toutes les sensibilités de s'exprimer, ils promeuvent la compréhension mutuelle et l'intégration nationale par la réduction des frustrations. Ainsi, les médias renforcent le sentiment national dans les différents groupes socioculturels au détriment du sectarisme. De ce fait, ils réduisent les risquent de revendications irrédentistes ou sécessionnistes. Ce rôle de médiateur donne aux médias une place très importante dans la prévention des conflits en Afrique. Ce qui permettra la mise en place de conditions favorables à l'édification des Etats-Unis d'Afrique.

CHAPITRE VI S'UNIR OU PÉRIR

les Etats-Unis d'Afrique comme ultime alternative pour le développement et le rayonnement international de l'Afrique

Section 1 : Les préalables politiques et économiques

Pour construire les Etats- unis d'Afrique de nombreux obstacles devraient être préalablement surmontés. L'obligation de compromis, qu'il a fallu trouver au moment de la création de l'UA entre partisans d'une unité politique continentale forte sous la forme des Etats-Unis d'Afrique, et ceux favorables à une forme souple d'union préservant la souveraineté et l'indépendance des Etats membres, a fait de celle- ci une institution qui constitue à bien des égards une négation du projet fédéral africain.

En effet, le rêve panafricain des Etats-Unis d'Afrique ne pourra être transformé en réalité par l'UA, que si des politiques adéquates orientées vers une intégration véritable étaient menées, et des structures supplémentaires à vocation fédérative, mises en place.

Dès lors, au plan politique d'abord, il conviendra d'élargir les compétences du parlement panafricain déjà fonctionnel, et par la suite, de mettre en place un gouvernement de l'Union qui aura en charge la coordination des politiques de développement à l'échelle continentale. Au plan économique ensuite, il s'agira, à l'instar des Etats européens avec l'Union Européenne (UE) de doter l'Afrique d'une monnaie unique qui servira de fondement à l'élaboration de politiques économiques communes.

Paragraphe 1 : L'élargissement des compétences du parlement panafricain et la création d'un gouvernement fédéral africain.

En lançant à Syrte en Septembre 1999, le projet de création d'une Union Africaine, les chefs d'Etats entendaient à travers cette initiative, impulser une nouvelle dynamique au processus d'intégration et d'unité du continent, amorcé depuis 1963 avec la création de l'OUA. La déclaration qui en fut issue et dénommée déclaration de Syrte, rappelait en substance que, pour relever les défis et faire face de manière efficace aux nouvelles réalités sociales, politiques et économiques en Afrique et dans le monde, les Chefs d'Etat étaient déterminés à répondre aux aspirations des peuples africains à une plus grande unité ; conformément aux objectifs énoncés dans la charte de l'OUA et le Traité instituant la CEA. C'est ainsi que fut mise en place l'UA après l'adoption en 2000 de sa charte constitutive (Acte constitutif).

En effet, l'Acte constitutif de l'UA a suscité de nouveaux espoirs de mise en place d'un cadre continental pour réaliser les aspirations communes des peuples africains. Il met un accent particulier sur la nécessité d'une vision commune pour l'Afrique et de partenariats effectifs entre les gouvernements et toutes les couches de la société.

Toutefois, une des plus grandes lacunes de l'Acte constitutif est qu'il se présente comme un cadre de coopération interafricaine, alors que l'UA a été conçue comme un cadre d'intégration devant aboutir à la création des Etats-Unis d'Afrique. Cette situation paradoxale est la résultante des divergences et de l'obligation de compromis qu'il a fallu trouver entre ceux qui voulaient la création immédiate des Etats-Unis d'Afrique et ceux qui y étaient opposés.

De toute évidence, l'UA s'est résolument engagée depuis quelques années dans la voie vers l'édification des Etats-Unis d'Afrique. En attestent, les réformes et transformations institutionnelles et structurelles engagées par celle-ci en vue de baliser la voie vers une unité politique continentale effective. Le lancement du parlement panafricain depuis 2004, ainsi que le projet de création d'un Gouvernement de l'Union qui sera d'ailleurs, qui a constitué l'unique point à l'ordre du jour du sommet de l'UA qui s'est tenu du 1er au 3 Juillet 2007 à Accra(Ghana) s'inscrivent dans cette dynamique.

Ainsi, face à l'impératif de construction des Etats-Unis d'Afrique, les organes politiques à savoir le parlement panafricain et le gouvernement de l'Union doivent être nécessairement fonctionnels à plein régime et le plus rapidement possible.

S'agissant du Parlement Panafricain, sa création a constitué une avancée majeure du continent dans la marche vers la réalisation de son unité politique. Cependant, ce dernier depuis son installation, ne fait office que d'un organe consultatif. Pour ce faire, il conviendra conformément aux dispositions du protocole portant sur sa création de la doter des pleins pouvoirs législatifs. En effet, celle-ci doit être une instance commune permettant aux peuples africains et à leurs organisations communautaires de participer davantage aux débats et à la prise de décisions concernant les problèmes et les défis auxquels le continent fait face. Le protocole stipule également que, «les membres du parlement sont choisis au sein des législatures nationales ou autres organes délibérants élus au suffrage universel dans les Etats membres»[37]. Au plan organique, chaque Etat a droit à cinq députés, dont une femme au moins. Ils exercent leur mandat en même temps que celui national. En sus, le parlement doit tenir au moins deux sessions par an.

Ceci étant, il convient par ailleurs de préciser que le parlement panafricain a un rôle vital à jouer dans le destin unitaire du continent africain. Le défi qu'il doit s'atteler à relever est celui d'être en mesure d'adopter des lois, de surveiller l'application par les Etats africains des normes convenues et d'intervenir de manière décisive pour défendre les droits de l'homme et la démocratie dans les Etats-membres.

---

[37] www.africa-union.org, voir protocole portant création du parlement panafricain

En ce qui concerne le gouvernement de l'Union, il n'est pas encore créé, mais suscite déjà de nombreux espoirs pour la simple raison qu'il devra constituer l'organe central chargé de la coordination des politiques de l'Union dans les domaines diverses allant de la politique étrangère à l'énergie en passant par les infrastructures et l'agriculture, etc.

A cet effet, et consciente de l'impérieuse nécessité de doter l'Afrique d'un gouvernement fédéral afin de concrétiser l'idéal panafricain des Etats-Unis d'Afrique, la conférence des Chefs d'Etat de l'UA, au cours de sa quatrième session ordinaire en 2005 à Abuja, a pris une mesure majeure en mettant en place un Comité ad hoc de sept chefs d'Etat et Gouvernement, présidé par le président Yoweri Museveni de l'Ouganda. Ce comité avait pour mission d'examiner les propositions du Colonel Mouammar Kadhafi de la Libye visant à accélérer le processus d'intégration politique et économique du continent, notamment par la mise sur pied d'un gouvernement fédéral africain compétent dans les domaines tels que les infrastructures, les négociations internationales, les affaires étrangères, la défense etc. Ce comité a non seulement confirmé la proposition de création de postes ministériels, mais il a également réaffirmé que l'objectif ultime de l'UA est l'intégration politique et économique totale devant conduire le continent vers la réalisation des Etats-Unis d'Afrique.

Au sommet de Syrte en Juillet 2005, où fut présenté le rapport du comité, la Conférence des Chefs d'Etat et de Gouvernement a mis en place un second comité de sept Chefs d'Etat et de Gouvernement sous la présidence de Olesegun Obassanjo du Nigéria. Il avait pour mission d'élaborer une feuille de route en vue de la mise en place d'un gouvernement de l'Union Africaine. Ainsi, à l'initiative du président de ce nouveau comité, une conférence à base élargie a été organisée en Novembre 2005 à Abuja sur le thème suivant : «Bien-fondé d'un gouvernement de l'Union Africaine », avec en plus des membres du comité, la participation du monde universitaire, des représentants de la diaspora africaine, des représentants des Communautés Economiques Régionales(CER), et des membres de la société civile. La conférence a tiré les conclusions suivantes :

- Que la nécessité d'un gouvernement de l'Union ne fait plus aucun doute.
- Qu'il doit s'agir d'un Union des peuples africains et pas seulement une union des Etats et des Gouvernements.
- Que sa formation doit être fondée sur une approche multicouche et sur le principe « d'évolution graduelle ».
- Que le rôle des CER devrait être mis en exergue en tant que

piliers du cadre continental.

Au regard des conclusions de cette conférence d'Abuja, le Comité a recommandé, et la Conférence des Chefs d'Etat et de Gouvernement l'a approuvé au cours du sommet de Khartoum (Soudan) en Janvier 2006, qu'un document cadre soit préparé, définissant l'objectif du Gouvernement de l'Union, les valeurs partagées qui la sous-tende, les étapes essentielles pour sa mise en place, y compris un projet de feuille de route à caractère indicatif. C'est ainsi que, conscients de l'urgence qu'il y a à doter le continent d'un gouvernement qui sera chargé de traduire concrètement les objectifs d'unité politique et économique de l'Afrique, une étude intitulée, « Etude sur un Gouvernement de l'UA : Vers les Etats - Unis d'Afrique », a été réalisée et ses conclusions majeures ont été présentées par le président du Comité à Banjul en Juillet 2006, au cours de la Conférence des Chefs d'Etat et de Gouvernement. Par la suite, et à la demande de ces derniers, l'étude a été examinée par le Conseil Exécutif lors de sa neuvième session extraordinaire de Novembre 2006, puis par la Conférence elle-même à sa huitième session ordinaire en Janvier 2007, toutes deux ayant été tenues à Addis Abéba. Et, étant donné la nature des propositions contenues dans l'étude et leurs implications aux niveaux national, régional, continental et international, la Conférence a décidé de s'y consacrer au cours de sa neuvième session prévue pour se tenir du 1er au 3 Juillet 2007 à Accra au Ghana.

A la veille de cette grande messe panafricaine où il sera question de la création de ce Gouvernement de l'Union tant souhaitable, il est nécessaire et utile de rappeler que l'ambition d'édification des Etats-Unis d'Afrique devrait impérativement s'appuyer sur un Gouvernement fédéral africain.

Certes, il existe de nombreuses voix qui s'élèvent contre ce projet, mais, force est de reconnaître qu'il est temps pour les Etats africains de passer à une autre phase dans le processus d'intégration qui n'a que trop longtemps duré. Il est temps en effet, de rompre avec cette attitude dont sont coutumiers les Chefs d'Etat africains, et qui consiste à énoncer des catalogues de bonnes intentions, des projets ambitieux et salutaires, mais qui ne sont jamais suivis d'application effective.

A cet effet, et en prélude à la Conférence sur le Gouvernement de l'Union, le guide libyen Mouammar Kadhafi a réuni à Tripoli les 20 et 21 Juin 2007, un forum des cadres africains pour apporter son soutien à la mise en place de ce gouvernement africain. A cette occasion, il a rappelé que « le temps, face à la mondialisation joue contre les africains ». En effet, le monde fonctionne aujourd'hui selon le système des grands ensembles, avec l'UE pour l'Europe, les Etats-Unis pour l'Amérique, la Chine le Japon et l'Inde pour l'Asie. Dès lors, on peut se demander, que peut l'Afrique qui malgré ses cinquante trois pays demeure une proie facile entre les mains de ces «Grands» ? Il est donc urgent et impératif, que l'Afrique se protège contre les velléités séparatistes et les divisions.

Sous ce rapport, il est recommandable que l'Afrique parle d'une seule voix sur les marchés financiers et dans les transactions commerciales et économiques avec les « grands pays ». Sur des questions telles que la réforme du Conseil de sécurité de l'ONU, le financement de son développement par le G7 par exemple, il est nécessaire que le continent ait un point de vue consensuel. Il est aussi souhaitable, qu'il lui soit possible d'assurer sa propre défense et sa sécurité. Tout cela, ne peut être réalisé qu'en mettant en place un gouvernement africain doté de moyens conséquents et de prérogatives bien déterminées.

A l'évidence, les Chefs d'Etat et de Gouvernement africains ont pris toute la mesure de l'importance cruciale de ce Gouvernement de l'Union en l'imposant comme unique thème à l'ordre du jour du sommet d'Accra. Malheureusement, ce sommet qui vient de s'achever, comme on pouvait s'y attendre, a consacré la division des Africains sur ce point. En effet, les Chefs d'Etat africains ne sont pas parvenus à adopter une position commune favorable à la création de ce gouvernement fédéral tant souhaité. Ce projet, est donc momentanément abandonné. Du reste, une commission d'experts a été constituée en vue de réfléchir et de faire des propositions concrètes sur la faisabilité de ce gouvernement fédéral africain. Leurs conclusions et recommandations seront soumises une nouvelle fois à discussion au cours prochain sommet de l'UA en Janvier 2008. Nous osons espérer que ce prochain sommet se soldera par un accord des Chefs d'Etats pour la mise en place de ce Gouvernement. Faute de quoi, l'ambition panafricaine d'édification dans un futur proche des Etats-Unis d'Afrique devrait être définitivement abandonnée.

Paragraphe 2 : L'élaboration de politiques économiques communes et la création d'une monnaie unique africaine.

La création d'une monnaie unique africaine comme levier de la croissance économique a toujours été au coeur des préoccupations des défenseurs et promoteurs de l'unité continentale.

Déjà, en adoptant à Abuja en Juin 1991, le Traité instituant la Communauté Economique Africaine, dont l'entrée en vigueur est intervenue en Mai 1994, les Etats africains, avaient réaffirmé leurs ambitions de construire un espace économique intégré, devant servir de base à une future union politique. L'objectif de la CEA était la mise en place au bout de 34 ans, c'est-à-dire en 2025, d'un

Marché Commun Africain. A cet effet, le Traité a prévu la création d'institutions financières qui auront pour mission d'accompagner ce processus. Il s'agit, de la Banque Centrale Africaine, du Fonds Monétaire Africain et de la Banque Africaine d'Investissement. En intégrant dans ces objectifs ceux du Traité instituant cette CEA, l'UA a, du même coup fait sienne, le projet de création de ces institutions financières.

Pour Abdoulaye WADE, « si, la production de marché est le moteur de la croissance économique, la monnaie en est le levier »[38]. Il se trouve cependant que les pays africains n'ont pas à proprement parler, de système monétaire. Soit, parce qu'ils n'ont pas la maitrise de leur monnaie, soit parce que leur marge de manoeuvre est trop étroite.

En effet, l'une des principales causes du retard économique de l'Afrique en dépit de ses immenses potentialités minières, minéralières et hydrauliques, réside dans le fait, qu'après les indépendances, les Etats africains se sont exclusivement tournés vers l'extérieur pour financer leur développement. Par conséquent, la mise en place des institutions financières africaines devrait être accélérée en vue d'amorcer l'oeuvre d'auto financement du développement du continent, indispensable pour la construction des

---

[38] A. WADE, un destin pour l'Afrique, op. Cit. P. 45

Etats-Unis d'Afrique.

Manifestement, la création d'une monnaie unique africaine est aujourd'hui un impératif pour la prospérité économique de l'Afrique. Car, pris individuellement, à l'exception d'une petite minorité, les Etats africains ne sont pas viables économiquement dans ce contexte de mondialisation tous azimuts.

En s'inspirant de l'expérience européenne, le moins que l'on puisse dire est qu'une monnaie unique africaine, en supprimant les obstacles de change, stimulera le commerce inter africain dans un environnement totalement intégré. Ce qui du même coup, dynamisera la croissance et la production. Pour preuve, les pays européens sinistrés, qui ne pouvaient pas être dans une situation pire, ont créé l'UE qui, grâce aux efforts conjoints des Etats membres, et à une ferme volonté politique de faire de l'Europe un espace compétitif et prospère sur le plan économique, sont parvenus à se doter d'une monnaie unique. Tel est, le défi lancé à l'UA et aux institutions financières africaines qui seront bientôt créées, afin de traduire concrètement le rêve de voir l'Afrique unie politiquement et prospère économiquement.

Section 2 : Les États Unis Afrique une nécessité

Le projet d'édification à long terme des Etats-Unis d'Afrique qui avait sous tendu la création de l'UA, apparaît aujourd'hui comme une nécessité pour le salut des peuples africains. En effet, sa création s'impose pour une double raison. D'une part, elle sera une concrétisation du rêve panafricain de voir l'Afrique libre et unie. D' autre part, elle sera le creuset dans lequel émergera une nouvelle Afrique prospère et paisible.

Paragraphe 1 : Pour une concrétisation du rêve panafricain

Le rêve d'une unité politique de l'Afrique ne date pas d'aujourd'hui. Depuis le début du XXème siècle avec l'émergence du panafricanisme sous sa forme politique, qui prônait le retour de tous les Africains à la mère patrie, l'unité du continent a toujours été l'objectif primordial des promoteurs du panafricanisme. A ce propos, le panafricanisme était d'ailleurs défini comme, « une aspiration des noirs d'Afrique et de la diaspora qui s'identifient culturellement par leur appartenance à la civilisation négro africaine ; puisant sa force dans la résistance pluriséculaire des Nègres à l'esclavage, cette aspiration se projette dans une unité politique du continent sous la forme des Etats-Unis d'Afrique »[39].

Plus concrètement, cette unité politique que Kwamé Nkrumah appelait de tous ses voeux, s'est manifestée non seulement par la naissance du panafricanisme, mais également par l'intervention dans la politique mondiale de ce qu'on a appelé la personnalité

---

[39] A. WADE, un destin pour l'Afrique, op. Cit. P. 45

africaine[40].

Historiquement, l'expression « panafricanisme », était inconnue avant le XXème siècle, quand, Henry Sylvester Williams de l'île de Trinité et WEB Dubois des Etats-Unis d'Amérique, tous deux descendants d'Africains l'employèrent lors de plusieurs congrès africains, auxquels assistèrent surtout des savants américains d'origine africaine. Une autre contribution notable au nationalisme africain fut le mouvement de « retour à l'Afrique » de Marcus Garvey.

Le premier Congrès panafricain se tint à Paris en 1919, tandis que la Conférence de paix de Versailles était en séance. Clémenceau, alors premier ministre, répondit quand on lui demanda ce qu'il pensait de ce Congrès, « ne lui faites pas de publicité, allez de l'avant ». Sa réaction, était assez typique de celle des Européens de l'époque. L'idée même d'un panafricanisme était si étrange qu'elle semblait irréelle, bien qu'en même temps dangereuse. Il y avait cinquante sept représentants de plusieurs colonies africaines, ainsi que des Etats-Unis et des Antilles. Ils votèrent plusieurs motions dont rien il est vrai ne sortit. Par exemple ils proposèrent que les alliés et les Puissances associées établissent un code de lois en vue de la « protection internationale des natifs d'Afrique ».

Le second congrès se tint à Londres en 1921 et se termina par une

---

[40] Kwame NKRUMAH, l'Afrique doit s'unir, op. Cit. P. 76

déclaration au monde qui mentionnait que « l'égalité physique, politique et sociale est la pierre d'angle du monde et du progrès de l'humanité ».

Deux ans plus tard, en 1923, un troisième congrès panafricain se tint à Londres. L'une de ses résolutions demandait pour les Africains une voix dans leur propre gouvernement, et une autre, le droit d'accéder à la terre et à ses ressources. Ainsi, on commençait à comprendre l'aspect politique de la justice sociale. Mais, malgré le travail de Dubois et d'autres, les progrès furent lents. Le mouvement manquait d'argent et de membres. Les délégués étaient plus des idéalistes que des hommes d'action.

Un quatrième congrès panafricain eut lieu à New York en 1927, avec deux cent huit délégués, et ensuite le mouvement parut reculer pour un temps.

Toutefois, le panafricanisme et le nationalisme africain reçurent une expression véritablement concrète quand le cinquième congrès panafricain se réunit à Manchester en 1945. Pour la première fois, on insista sur la nécessité de mouvements bien organisés et fortement unis, comme condition de succès de la lutte pour la libération nationale en Afrique. Ce congrès rassembla plus de deux cent délégués du monde entier. Il connut un succès retentissant dans le monde entier et se solda par une déclaration adressée aux puissances impérialistes, et réaffirmant la détermination des peuples colonisés à être libres.

«Le cinquième congrès panafricain invite les intellectuels et les travailleurs des colonies à prendre conscience de leurs responsabilités. La longue, longue nuit est achevée. En luttant pour les droits syndicaux, le droit de former des coopératives, la liberté de presse, d'assemblée, de démonstration et de grève, d'imprimer et de lire la littérature nécessaire à l'instruction des masses, vous utiliserez les seuls moyens que vous avez de conquérir vos libertés. De nos jours, il n'ya qu'une seule façon d'agir, et c'est l'organisation des masses» .

Plus tard, grâce aux efforts conjugués des protagonistes du congrès de Manchester, la Côte de l'Or (actuel Ghana) s'empara de sa liberté et se présenta en 1957 comme l'Etat souverain du Ghana. A cette occasion Kwamé Nkrumah déclara que cette indépendance nationale n'aurait pas de sens si elle n'était pas liée à la libération totale du continent africain.

Après quoi, la première Conférence des Etats indépendants se réunit à Accra en 1958. Ils étaient au nombre de huit : l'Egypte, le Ghana, le Soudan, la Libye, le Libéria, le Maroc et l'Ethiopie. Le but de cette conférence était de confronter les points de vue sur les sujets d'intérêts communs, d'étudier les moyens de consolider et de préserver leur indépendance, de resserrer les liens économiques et culturels entre leurs pays, de tomber d'accord sur des procédés réalistes pour aider les autres africains encore colonisés, enfin d'examiner le grand problème mondial : le maintien de la paix.

Avec cette Conférence, le panafricanisme s'installait sur son véritable terrain, à savoir le continent africain. Elle aboutit à un sursaut d'intérêt pour la cause de la liberté et de l'unité africaine.

C'est ainsi, qu'en Novembre 1959, des représentants des syndicats de l'Afrique toute entière se rencontrèrent à Accra pour organiser la Fédération Panafricaine des Syndicats. Le syndicalisme africain ayant toujours été étroitement lié à la lutte pour la liberté et l'unité politique, ainsi que pour le développement économique et social.

Un pas de plus vers la coopération panafricaine eut lieu quelques mois plus tard quand s'ouvrit à Accra, en 1960, la conférence qui devait discuter de l'action positive et de la sécurité en Afrique. Elle avait été convoquée par le gouvernement du Ghana après consultation d'autres Etats africains indépendants, pour étudier la situation en Algérie et en Afrique du Sud, et aussi pour prévoir comment on empêcherait dans le futur, l'Afrique de servir de terrain d'essai pour armes nucléaires. D'autres sujets étaient à l'ordre du jour, comme la libération totale du continent et la nécessité de se garder du néo colonialisme et de la balkanisation, qui l'un et l'autre, s'opposeraient à l'unité. Au milieu de cette même année, une autre conférence des Etats indépendants d'Afrique, qui à l'époque étaient douze, se tint à Addis Abéba. Les délégués parlèrent de la liberté et de l'unité continentale.

Avec le temps, d'autres conférences de tous les peuples d'Afrique eurent lieu, et leurs résolutions et déclarations eurent de plus en plus de poids. Il ne se passait guère de semaine sans qu'on entende parler de quelques réunions d'africains de diverses parties du continent. A mesure que toute l'Afrique se libérait, ces rencontres gagnèrent en participation, en force et en efficacité.

Cet activisme du mouvement panafricain culminera avec la création en 1963 de l'Organisation de L'Unité Africaine (OUA), dont l'objectif était la décolonisation totale du continent et la réalisation de son unité politique. S'il est vrai que celle-ci a réussi à libérer entièrement le continent de la colonisation, il n'en demeure pas moins qu'en ce qui concernait son unité, beaucoup restait encore à faire. C'est ce qui a justifié son remplacement en 2001 à Lusaka et après près de quarante années de fonctionnement, par l'Union Africaine. Cette dernière dont la mission est de parachever l'oeuvre d'unité politique et économique du continent, s'emploie tant bien que mal, à faire de l'idéal panafricain de construction des Etats-Unis d'Afrique une réalité, quand bien même que le chemin vers cette unité politique soit parsemé de nombreux obstacles.

Toutefois, l'espoir reste de mise, car ce ne sera que quand l'unité politique parfaite aura été réalisée que nous pourrons célébrer la fin, triomphante, de la lutte panafricaine et des mouvements africains de libération nationale.

Paragraphe 2 : Pour une Afrique pacifique et prospère

Le continent africain en s'unifiant, parviendra de toute évidence à résoudre les différentes calamités qui compromettent son développement. En effet, l'Afrique est le continent de tous les paradoxes. Ce continent qui renferme 1/3 des ressources naturelles du monde, qui est quatre fois plus grand que la Chine, qui est peuplée de plus d'un milliard d'habitants et qui peut contenir les Etats-Unis et l'Europe des vingt cinq, se contente d'être le continent des pandémies, des famines, de la pauvreté et des conflits.

Avec les premières tentatives d'unification du continent, des résultats probants ont été atteints. L'OUA, a permis la décolonisation totale du continent. L'UA, dont l'objectif est de parachever l'oeuvre d'unité continentale entamée par l'OUA, parvient à obtenir également des résultats encourageants. En effet, sous ses auspices de nombreux conflits ont été résolus, ou sont en cours de règlement. L'Afrique naguère berceau des conflits, ne compte plus que très peu de zones conflictuels. Seuls le Soudan et la Somalie font aujourd'hui office de zones sérieuses de conflits sur le continent.

Au niveau économique, grâce au dynamisme des Communautés Economiques Régionales, les pays africains, particulièrement ceux d'Afrique occidentale, sont dans une dynamique positive de développement.

Au plan politique, l'ambition affichée par les dirigeants africains et l'UA de faire du continent un exemple en matière de démocratie et de bonne gouvernance, à travers notamment l'adoption par ceux-ci d'une Charte sur la Démocratie la Bonne Gouvernance, ainsi que le refus de l'UA d'admettre en son sein des gouvernements issus des coups d'Etat, sont des signes révélateurs du renouveau de l'Afrique.

Ainsi, il apparaît que, retourner la situation et mettre l'Afrique au nombre des nations modernes à production intense implique un effort immense de la part des africains, particulièrement les élites politiques et intellectuelles. L'Afrique ne peut y arriver qu'avec un plan d'ensemble, dans le cadre d'une politique générale déterminée par une autorité commune. En un mot, il s'agira de construire les Etats-Unis d'Afrique.

Conclusion

Au moment, où l'Afrique s'apprête à franchir une nouvelle étape dans son évolution politique, avec notamment le Grand Débat sur le Gouvernement de l'Union lancé par l'UA, et qui a constitué le thème principal à l'ordre du jour du sommet des Chefs d'Etat et de Gouvernement de l'UA qui s'est tenu du 1er au 3 Juillet 2007 à Accra(Ghana), l'épineuse question de la construction des Etats-Unis d'Afrique est toujours d'actualité. En effet, rien ne présageait que le sommet d'Accra se solderait par une décision favorable à la réalisation immédiate de l'unité politique continentale, tant il est vrai que les divergences sont encore présentes.

Les doutes que l'on peut raisonnablement émettre sur la capacité de l'UA à concrétiser dans un délai assez court, le projet d'édification des Etats-Unis d'Afrique, ne peuvent néanmoins faire l'économie d'un simple constat. En effet, il est indéniable que l'opinion publique africaine beaucoup plus aujourd'hui qu'hier, est très sensible à l'appel panafricain. En atteste la floraison partout en Afrique de mouvements sociaux qui appellent de toutes leurs forces à l'édification d'un Etat fédéral africain.

Pour peu qu'elle soit davantage associée à la construction de ce nouvel espace africain(ne fut-ce qu'à travers l'octroi au parlement d'une réelle capacité de représentation des populations africaines), l'opinion publique africaine serait certainement en mesure d'infléchir le carcan « politicien » et « souverainiste » qui caractérise les structures de l'Union.

Dès lors, il nous parait que, l'association de toutes les forces vives de la société africaine au projet d'édification des Etats-Unis d'Afrique, demeure la stratégie la plus démocratique et la moins impopulaire qui permettra à l'UA de réussir sans trop de difficultés et d'oppositions cette noble mission panafricaine.

BIBLIOGRAPHIE

Ouvrages

AMAIZO Yves Ekoué, l'Union Africaine freine telle l'unité de l'Afrique, Paris, Presses africaine, 2005.

ACTES DE LA 7ème Assemblée Générale du CODESRIA, les processus de démocratisation en Afrique : Bilan et perspectives, Dakar, Sénégal, 10-14 fév. 1992.

BADIE Bertrand, HERMET Guy, Sociologie de l'Etat, Paris, Grasset, 1979.réedit.1982, 306 p.

BAYART Jean François, l'Etat au Cameroun, Paris, Presses de la FNSP, 1979, 357 p.

BAYART Jean François, l'Etat en Afrique, la politique du ventre, Paris, Fayard, 1989, 317p.

COALITION MONDIALE POUR L'AFRIQUE, Démocratie et Gouvernance, 154 p.

DIOP Cheickh Anta, Les fondements économiques et culturels d'un Etat fédéral d'Afrique noire, Paris, Présence africaine, 1960, réedit. 1974,124 p.

DUMONT René, Démocratie pour l'Afrique, Paris, Editions du Seuil, 2001, 234p.

GHALI Boutros Boutros, l'Organisation de l'Unité Africaine, Paris, Armand Colin, 1990.

HERMET Guy, Culture et démocratie, Paris, Albin Michel, 1993, 242p.

KABOU Axelle, Et si l'Afrique refusait le développement, Paris, Karthala, 1992.

KANTE Babacar, Instabilité politique et reconstruction de l'Etat en Afrique, pour un changement de paradigme, Saint louis, 2000, 22p.

MEDARD Jean François (dir), Etats d'Afrique noire : formation, mécanismes et crises, Paris, Karthala, 1991, 405p.

NKRUMAH Kwame, l'Afrique doit s'unir, traduit de l'anglais par L Jospin, Paris, Payot, 1964.

PISANI Edgard, Pour l'Afrique, Paris, Editions Odile Jacob, 1988, 251p.

WADE Abdoulaye, Un destin pour l'Afrique, Paris, Karthala, 1990, 184p.

ZANG Kamto Pondi, L'OUA : Rétrospectives et perspectives africaines, Paris, Economica, 1990.

ZARTMAN William, La résolution des conflits, Paris, Harmat l'Union Africaine : Etude critique d'un projet ambitieux », in Revue juridique et politique, n°154, Décembre 2003, pp 3-20.

AMAIZO Yves Ekoué, « De l'OUA à L'Union Africaine : les chemins de l'interdépendance », in Afrique contemporaine, n° 197, Janvier-Mars 2001, pp 97-107.

AYISSI Anatole, « illusoire interdiction des coups d'Etat », in Manière de voir, n°51, Mai-Juin 2000, pp 32-33.

BAYART Jean-François, « La problématique de la démocratie en Afrique noire : la Baule, puis après », in Politique africaine, n°43, Octobre 1991,pp 5-21.

KANTE Babacar, « la démocratie dans les régimes politique ouest africains », in Pouvoirs, n°25,1983, pp 11-52.

WEBOGRAPHIE

www.africa-union.org

www.africarecovery.org

www.jeuneafrique.com

www.capafrique.org

www.ingramcontent.com/pod-product-compliance
Lightning Source LLC
LaVergne TN
LVHW010609160826
845677LV00013B/3329

9798752020889